Joseph Riepel, Johann Kaspar Schubarth

Bassschlüssel

Anleitung für Anfänger und Liebhaber der Setzkunst

Joseph Riepel, Johann Kaspar Schubarth

Bassschlüssel
Anleitung für Anfänger und Liebhaber der Setzkunst

ISBN/EAN: 9783743606456

Hergestellt in Europa, USA, Kanada, Australien, Japan

Cover: Foto ©Lupo / pixelio.de

Manufactured and distributed by brebook publishing software (www.brebook.com)

Joseph Riepel, Johann Kaspar Schubarth

Bassschlüssel

Baßschlüssel,

das ist,

Anleitung für Anfänger und Liebhaber
der Setzkunst,

die schöne Gedanken haben und zu Papier bringen, aber nur klagen, daß sie
keinen Baß recht dazu zu setzen wissen,

von

Joseph Riepel

Sr. Durchl. des Fürsten von Thurn und Taxis gewesenen Musikdirektor,

herausgegeben

von

Johann Kaspar Schubarth
Cantor.

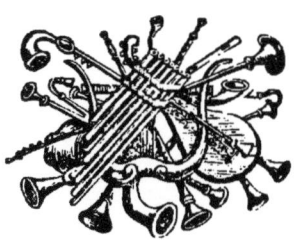

Regensburg, 1786.
Bey Johann Leopold Montags
Erben.

Seiner Herzoglichen Durchlaucht

dem

Herrn Erbprinzen von Sachsen Koburg = Saalfeld ꝛc. ꝛc.

unterthänigst gewidmet.

Durchlauchtigster Herzog,

Gnädigster Erbprinz und Herr,

Das Andenken an mein geliebtes Vaterland und den daselbst gelegten Grund zur Tonkunst — vorzüglich aber die Erinnerung, daß Eure Herzogliche Durchlaucht selbst geruhet haben, mich als Knaben und Anfänger des Zutritts zu musikalischen Unterhaltungen auf dem Schlosse zu Rodach — ja Dero gnädigen Aufmerksamkeit zu würdigen, haben mich längst zu einem öffentlichen Denkmal meiner Dankbarkeit ermuntert und verpflichtet.

Nur das Gefühl meiner geringen Kräfte hat die Erfüllung dieser heiligen Pflicht immer widerrathen.

Wie angenehm war mir also das Vermächtnis meines seligen Lehrers, welches ich Eurer Herzoglichen Durchlaucht hier unterthänigst zu Füßen lege. Dieser Nachlas eines so würdigen Musikers wird vielleicht in den Augen eines eben so erhabenen als erleuchteten Kenners der Tonkunst nicht ganz gering seyn.

Die Vorsicht wache über Eurer Herzoglichen Durchlaucht Wohl und Freude zum Trost und zur Hoffnung meines Vaterlandes

Durchlauchtigster Herzog,
Gnädigster Erbprinz und Herr,
Eurer Herzoglichen Durchlaucht

unterthänigster Knecht
Joh. K. Schubarth.

Vorrede.

Riepels Name und Verdienst um die Setzkunst ist gewis allen Freunden einer gründlichen Kenntnis der Musik unvergessen und ehrwürdig. Ich rechne es zu den günstigsten Schicksalen meines Lebens ihn zum Freund und Lehrer gehabt zu haben, und bin stolz darauf, daß er mir gegenwärtiges Werk, als ein Vermächtnis, zur öffentlichen Bekantmachung übergeben hat. Es ist die Fortsetzung seiner von ihm selbst herausgegebenen Kapitel, und würde früher den Anfängern und Liebhabern der Setzkunst übergeben worden seyn, wenn nicht mancherlei Hindernisse in den Weg getreten wären.

Noch hat der selige Musikdirektor zwei hierauf sich beziehende Handschriften hinterlassen, die bey günstiger Gelegenheit und nach Maaßgabe der Unterstützung des musikalischen Publikums, ebenfalls öffentlich erscheinen sollen.

Regensburg im Hornung
1786.
            Cantor Schubarth.

Schreiben des Verfassers an seinen Freund.

Liebwerther! ich habe die hier folgende Anleitung zum Baße schon viele Jahre im Schranke liegen, und immer gehofft, es würde, da doch fleißig über die Musik fortgeschrieben wird, ein meisterlicher Verfasser auch in diesem Fache Anfängern zu Liebe sich beeifern. Der Baß ist doch ein nothwendiger Theil der Setzkunst.

Nur der Gesang kleiner Kinder ist insgemein so undeutlich als das Zwitschern junger Vögel; aber von erwachsenen Leuten ist heut zu Tage, wie ich glaube, in Europa keine Gesangweise mehr zu hören, die nicht flugs mit dem Baße könnte begleitet werden. Wunderbar ja wunderbar ist leider des Gesangs und des Baßes natürliche Verbindung; denn gleich wie zum Baße (bekantermaaßen auf der Drahtsaite des Monochords) eine Terz und Quinte mitsingen, so läßt auch der Gesang, wenn er angepackt wird, harmonische Baß-Intervalle mit hören, als wovon unter andern die Doppelgriffe auf der Violine, und die Tobacksdosen uns merklich überzeugen, so wie du hierinnen §. 43. die Noten sehen wirst.

Ich laße dieses harmonische Luftzeichen denen über, die müßige Tage haben, die Erzitterungen anatomisch zu betrachten, und melde nur von unsrer dermaligen Praktik, daß der Baß den Gesang erheben, und oft so gar einen alten Gesang durch eine geschickte Ankleidung neu machen kann. Ein alter berühmter Meister in Italien hat, dem Verlaut nach, jungen Componisten bey oftmaliger Gelegenheit vertraut, es dürfe der Gesang, um eines schönen Baßes willen, unterweilen nur mittelmäßig seyn. Ich aber denke nicht so weit, sondern

dern nur auf diejenigen Anfänger und Liebhaber, die fähig sind, recht artige und fremde Gedanken zu entwerfen, aber aus Mangel der Bekanntschaft mit dem Baße hülflos sitzen bleiben.

Ich würde jenen Lehrling, wenn ich ihm nicht hätte helfen können, wenigstens bedauert haben, der seinem Meister einen einstimmigen Aufsatz zeigte, und ihn um einen tauglichen Baß dazu fragte. Nachdem nun der Meister den Aufsatz lang und starr angesehen, befahl er dem Lehrling mit Unwillen, er soll Pausen setzen. Damals muß also noch keine Baßbeschreibung bekannt gewesen seyn. Kurz, du hast daselbst Gelegenheit dich zu erkundigen: ist ein ausführliches Werk heraus, so schicke mir meine Schrift wieder. Hier kriege ich zwar manche musikalische Abhandlung zu lesen, wobey auch Anmerkungen vom Basse mit vorkommen, sie schnappen aber zu kurz ab, oder sie sind für Anfänger gar zu systematisch. In meiner Anleitung ist hingegen, so viel ich weiß, alles ganz platt. Und unpartheyische Meynungen mit gemeinen Beyspielen wird man doch wohl nicht Systeme heißen.

Ich habe die allgemeine Baßleiter nicht gar ohne Ursache voraus gesetzt. Die wirkliche Formirung des Basses beginnet demnach über die Gesangleiter.

Ich sehe also einer Antwort entgegen, und bin wie allezeit ic. ic.

Anwort des Freundes.

Lieber Bruder! deine Aufrichtigkeit ist mir bekannt, und deutlich genug war mir auch dein harmonisches Sylbenmaaß; aber in einer sichern Gegend giebt es so rohe Knaben, die die im Recitativ bemerkten und zum oratorischen Ausdrucke so nothwendigen Tonfälle noch nicht begreifen, sondern heißen es un- und aberwitzig, ungeachtet sie die italienischen Stellen nicht brauchten, sondern nur das Deutsche lesen lernen dürften.

Hingegen andern daselbst, nehmlich wirklichen Schriftstellern, sind die Beyspiele zu platt; folglich ist dein Sylbenmaaß so wenig als ein niedergerissenes Haus zu schätzen.

Ich habe neulich mit Herrn Capellmeister in Opolisburg gesprochen; dieser ist deinetwegen über das rauhe und gallsüchtige Volk, die Vallethaler, ungehalten.

Er wünschet eben so für die deutsche Singemusik wie der Niederländer Herr *Gretri* für die französische einen Metastasio, und Singmeister, die unsern Diskantisten beybringen, daß ihre veraltete Schönheit, nehmlich das hier gemeine Beben und Zittern der Stimme abscheulich, und nur abgelebten Sängern, die den Ton (il filo) nicht mehr unbeweglich halten können, zu überlassen sey. Sonst werden, meynt er, unsre Opern noch lange keinen erwünschten Fortgang und unpartheyischen Beyfall erlangen.

Kritiker können oft Nutzen schaffen; wenn nur die stärksten nicht gemeiniglich am wenigsten verstünden. Denn man lege ihnen Zweifel, deren es in der Tonkunst unbeschreiblich viel giebt, zur Auflösung vor, so schweigen oder höhnen sie. Gehab dich wohl! ich verharre so wie bisher ꝛc.

Jch mache den Anfang mit der allgemeinen Baßleiter; denn ich kenne Anweisungen zum sogenannten Generalbasse, worinn kein Wort von einer Leiter zu sehen steht; da ich doch durch die Erfahrung unzählichmal versichert bin worden, daß sie ein Anfänger, bevor er sich über die bezifferten Bässe macht, sehr wohl innen haben soll. Sie dienet aber auch einem angehenden Componisten. Erstlich, daß er unnöthige Ziffern zu ersparen lernet; zweytens, um sich die natürlichen und allgemeinen Wendungen der Mitteltonarten bekannt zu machen. Folglich, z. Er.

Aufsteigende Leiter mit der großen Terz. *)

Ich heiße die Baßnote d ebenfalls (weil sie von c aus, wenigstens über einen halben Ton, nehmlich über das c♯ springen muß,) den übrigen Sprüngen zu gefallen einen Secundsprung. Ein vollkommener Accord besteht, wie bekannt, in der Terz und Quinte, es mag die Terz gleich über oder unter der Quinte zu stehen kommen.

Nun hat die Grundnote c einen vollkommenen Accord.**) Der Secundsprung d hat die Sext. Der Terzsprung e gleichfalls die Sext. Der Quartsprung f einen vollkommenen Accord. Auch der Quintsprung g einen vollkommenen Accord. Der Sextsprung a einen Sextenaccord, den auch, wie zu sehen, der Septimensprung h hat.

Da denn der Quartsprung f und der Quintsprung g von Natur vollkommene Accorde verlangen, und aber bey deren unmittelbaren Fortschreitung leicht verbotene Quinten oder Octaven sich ereignen, so haben schon die ältesten Meister zur Vermittelung eine gute Nothhülfe, nehmlich den Sextquintenaccord erfunden; und ob er gleich ein wenig stumpfsinnig lautet, so wird er doch nicht minder zum Septimen- als Quartsprung gern gebraucht. Z. Er.

Auch

---

*) Diese ist die einzige Leiter, in welcher eine Tonart mit Terz major durchaus standhaft bleibt; die absteigende Leiter welcher hingegen bald zur Mitteltonart ab, wie hernach gleich zu sehen wird seyn.

**) In der Praktik gilt ein Accord oft für vollkommen, wenn anstatt der Terz auch nur die Quinte und Oktave, oder anstatt der Quinte nur die Terz und Oktave zu hören stehen ꝛc.

J. Riepels Baßschlüssel.

Auch ohne Terz, nehmlich dreystimmig ist er zu hören, z. Er.

Die Nothhülfe im Vierstimmigen kann man zwar auch entbehren, wenn die Leiter abgetheilt wird, z. Er.

Eine kleine Anmerkung kann hier nicht schaden, daß nehmlich einige Tonsetzer schon seit einem halben Jahrhundert oder länger, dem Secundsprunge nebst der Sext und Terz auch die Quarte zueignen.*) Z. Er.

Mir gefällt zwar diese frey eingeflickte Quarte nicht; aber genug, daß der Gebrauch davon überhand nimmt; folglich ist nicht leicht was dawider einzuwenden, und um so weniger, weil dieser Accord im Vollstimmigen oft eine Bequemlichkeit verschaft. Nun folget:

Die absteigende Leiter mit der großen Terz. **)

Der Septimensprung h (man muß bey diesen Leitern allzeit von unten hinauf zählen) hat also hier wieder die Sext; nur der Sextquintenaccord hilft da nichts. Der Sextsprung a hat ist die große Sext. Der Quintsprung bleibt vollkommen so wie in aufsteigender Leiter. Der Quartsprung f hat die große Quarte. Der Terz- und der Secundsprung bleiben so wie im Aufsteigen. Der Sextsprung mit der großen Sext kann also in den Fällen vorkommen, z. Er.

Man

*) Die Urheber haben sich damit schlechterdings auf die Versetzung der Intervalle gegründet. Andre behaupteten thöricht, der Sextenaccord, so sammt der Quarte, wäre um so vollkommener, weil er in 4 ganz verschiedenen Intervallen bestünde.

**) Die erste Hälfte davon schwenket sich sogleich zur Mitteltonart, nehmlich hier zur Quinte g; denn die liebe Natur will es so haben. Und derjenige deucht mir albern zu seyn, der eine Kunst beschreiben will, die mit der Natur nichts gemein hat.

Man sollte die Weitläufigkeiten freylich wohl vermeiden, weil sie eine Sache oft mehr verwirren als ins Licht setzen; ich kann aber nicht unterlassen, hier drey, wo nicht gar vier Ausnahmen zu machen. **Erste Ausnahme:** Folget auf den Sextsprung a ein anders Intervall als der Quintsprung g, so bekömmt das a einen Sextminor- und keinen Sextmajor-Accord, z. Er.

Zweyte Ausnahme: Kömmt nach c eine Note h zu stehen, so hat das hierauf folgende a einen vollkommenen Accord,*) dafern nehmlich nur kein g nachfolget, z. Er.

Die dritte ganz ähnliche Ausnahme: Wenn a auf g, und nach dem a kein f folget, so hat es ebenfalls einen vollkommenen Accord; welche Anmerkung zwar zur aufsteigenden Leiter gehörte, z. Er.

Der Quartsprung hat herab die große Quarte, die sich allzeit zwischen dem Quint- und Terzsprung einfindet, z. Er.

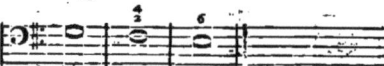

Außerdem hat er, der Quartsprung f, einen vollkommenen Accord, z. Er.

Auch eine Ausnahme bey den Aufsteigenden:

Wenn nach dem Secundsprunge d nicht unmittelbar der Terzsprung e, oder die Tonik c herab folget, so hat selbiger Secundsprung keinen Sexten- sondern einen vollkommenen Accord. Ich zeige beide in einer Reihe, z. Er.

Ich kenne mehr als ein meisterlich und wohl ausgeführtes Kirchenstück, wo im Generalbasse keine einzige Ziffer zu sehen ist, maßen alle Gänge und Wendungen leitermäßig gesetzt sind**). Und ein guter Organist würde es für eine Beschimpfung, oder für eine Unwissenheit halten, wenn der Komponist einen solchen Baß bezifferte, z. Er.

Diese Bezifferung ist also ganz überflüßig. ***) Wenn der Organist da, wo die †) stehen, Sextquintenaccord nähme, ohne daß sie der Komponist gesetzt, oder dieser hätte sie gesetzt, und der Organist nähme sie nicht, so wäre es dennoch erträglich, denn dadurch füllte einer blos nur mehr aus als der andre.

---

*) Ich pflege die vollkommenen Accorde insgemein nur mit der Zahl 3 zu beziffern. Manchmal ist aber auch die 5 dazu zu setzen nothwendig.

**) Die unbezifferten Bässe zu Arien, Symphonien ec. gehören nicht hieher; denn bey selben muß die rechte Hand öfters passen, um das Geleis wieder zu erhaschen. Das wenige aber, was durch dieses sorgfältige Laviren verloren geht, ersetzen die andern Instrumente reichlich. Ich zwar verstärkte indessen mit der rechten Hand die Baßnoten selbst.

***) Die Cadenzen sind zu bekannte, als daß einer nicht die (4 3) nehmen sollte.

Nun will ich die Leiter in einer Tonart mit Terz minor betrachten, und gleich c beybehalten, *) z. Exempel.

Es gelten hier wieder alle Anmerkungen, die ich über die aufsteigende Leiter mit Terz major gemacht habe; folglich kömmt es auf das Absteigen an, z. Er.

Ich habe den Accord im dritten Takt zertheilen müssen; bey einem tiefern Basse wäre es nicht nöthig, z. Er.

Durch das zweyte Exempel will ich nur erinnert haben, daß ich hier die Bezifferung gleichfalls hätte ersparen können.

Wenn ein Komponist (um etwa groß zu thun) einen ganzen Psalm oder was immer für ein vollstimmiges Kirchenstück leitermäßig setzen wollte, so müßte er die Mitteltonarten durch die Septimemajorsprünge anzeigen, z. Er.

Dieß ist der Umfang der Haupttonart **) C insgemein, die nehmlich die fünf Mitteltonarten D, E, F, G, A, zu ihrem Gebrauche wählen kann.

Im ersten Exempel zeigt also die Note h als Septimemajorsprung die Haupttonik C an. Im 2ten Er. zeigt cx (ich habe schon gemeldet, daß man allzeit von der tiefen Grundnote hinauf zählen muß) als Septimemajorsprung die Tonik D an. Im 3ten Er. wird E so durch dx; im 4ten Er. wird aber die Mitteltonart F deutlicher durch die Note b angezeigt, weil e eine so wesentliche Note zur Haupttonik c ist, daß die Mitteltonik F dadurch ohne Bezifferung gar nicht kennbar würde. Im 5ten Exempel wird g durch fx, und im 6ten A durch gx angezeigt. Ich will ein klein Beyspiel aufsetzen:

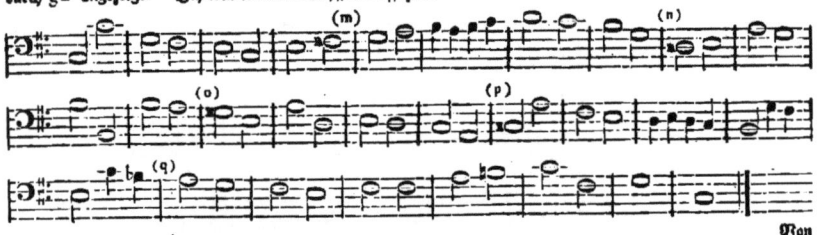

*) Diese reichet, wie zu fühlen, nur bis zur Hälfte; denn die letzte Hälfte ist, wie zu sehen, von der letzten Hälfte der aufsteigenden Leiter Terz major entlehnt. Deswegen ist eine Tonart mit Terz minor doch nicht zu verwerfen; denn die Natur ist dienstfertig und läßt mit sich handeln.

**) Ich schreibe manchmal selbst Tonik anstatt Tonart. Wenigstens scheinen mir beide deutlicher zu seyn als die lateinische Benennung *Modus*. Tonik (Tonica) kömmt vermuthlich von den Franzosen her; denn dieser ihre Leiter heißt: C, Tonique. D, Dessus-tonique. E, Mediante. F, Sous-dominante. G, Dominante. A, Sixte. H, Sensible. C, Tonique. Die Benennung Sensible hat ihren Werth im Contrapunkt mehr als wegen der bloßen Anzeige zu Tonwendungen.

Von (m) an ist die Mitteltonik in G, von (n) an in E, von (o) an in A, von (p) an in D, und von (q) an in F. Es ist nur eine erzwungene Kürze; vermittelst der Ausdehnung wäre es freylich leichter, und vielleicht auch deutlicher. Einigen Anfängern, die nichts von der Leiter wüßten, müßte man, um allem Unrath vorzubeugen, dennoch Ziffern drüber setzen, z. Er.

Dieß ist nur eine einzige Ordnung, wie 5 Mitteltonarten nach einander folgen; welche Ordnung bekanntermaßen 120 mal verwechselt kann werden. Ich zeige auch ein kurzes Beyspiel in der Tonik mit Terz minor:

Es werden also die Mitteltonarten G bey (r), F bey (s) und B bey (v) abermal durch den Septimemajorsprung angezeiget. Eb (oder das sogenannte Dis oder Es) bey (t) wird kennbar durch die so herab rückende Quinte und Quarte zur Terz desselben Eb. Ab (oder das sogenannte As) wird bemerkt bey (w) durch die Quinte und Quarte, so herab zur Terz desselben Ab gehen. Es wird abermal so gespielt, als wenn, wie folgt, die Ziffern drüber stünden:

Es ist bereits allen Anfängern bekannt, daß, wo bey einer Ziffer ein Querstrich steht, die rechte Hand liegen bleibt; daher wäre hier beym † nicht nöthig gewesen, ♯ über die Note db zu setzen, sondern ich hätte an die Ziffer 3 nur einen Querstrich fügen dürfen, so wie sonst in diesem und vorigem Beyspiele und allenthalben zu sehen. Die Mitteltonarten könnten hier wiederum 120 mal verwechselt werden, nehmlich die dießmalige Ordnung mitgezählt. Uebrigens versteht sich ohnehin, daß die Leitern für einen Anfänger, um sie ihm recht einzuprägen, in alle Tonarten müßten übersetzt werden. Sind andre mit ihren Leitern andrer Meynung, so bin ich auch zufrieden; basern nur Hülfe verschaft wird.

Gesangleiter
mit ihren verschiedenen und üblichen Baßnoten.

Ich wähle hierzu abermal die Tonart C.

Zu voraus muß ich anmerken, daß der uralte Baß zum Gesange von Einigen (vielleicht erst in diesem Jahrhundert) für systematisch erklärt worden ist. Dieser Erklärung zufolge hat die ganze Oktavleiter nur drey Grundbaßnoten, die übrigen sind Neben- oder Ausfüllungstöne, die ich aber aus Achtung für ihre guten Dienste wenigstens Mittelbaßnoten nenne. Z. Er.

§. 1.

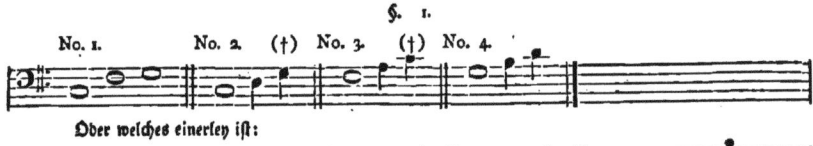

Oder welches einerley ist:

Bey No. 1. sind also C, F, G die drey alten, oder systematischen Grundbaßnoten. Es ist wahr, daß man auf dem Monochord von Natur noch zu jeder von diesen drey Noten eine große Terz, und eine Quinte mitklingen hört, so wie diese Nebenklänge bey No. 2, No. 3 und No. 4. mit Vierteinoten angezeichnet stehen. Also haben wir Nebentöne oder Nebenklänge E, A, H, D, oder was einerley ist: D, E, A, H. Die übrigen zwey (oben mit (†) bemerkt) brauchen wir nicht; denn die Quinte g bey No. 2. steckt ohnehin schon in der Grundbaßnote G bey No. 1, und die Note c bey No. 3. ist mit der Grundbaßnote C ebenfalls eins.

Nun haben wir mittelst Grundbaßnoten, und Nebenklängen, oder von mir so beliebten Mittelbaß, noten eine ganze Oktavleiter, z. Er.

§. 2.

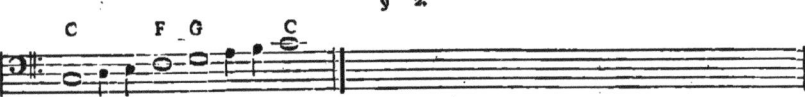

Es ist aber gegenwärtig um den Gesang und den dazu gehörigen Baß zu thun. Ich setze also eine Gesangleiter im Violinschlüssel auf, z. Er.

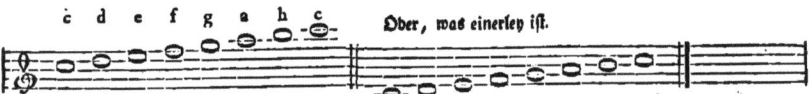

Oder, was einerley ist.

Dieser Gesang verlangt nun für dießmal durchgehends keine andern als Grundbaßnoten. Deren zufolge hat die Note c des Gesangs zu ihrer Begleitung im Basse die Oktave C.*) NB. man muß hier und ferner: hin allezeit von oben hinab zählen**).

Die Secunde d hat im Basse G.   Die Terz e hat C.   Die Quarte f hat F.   Die Quinte g hat C. Die Sext a hat F.   Die Septime h hat G.   Die Oktave c hat natürlicher Weise wiederum die Oktave C. Z. Er.

§. 3.

---

*) Die Stelle der Oktave wird manchmal auch von dem Einklange vertreten. Bey allen diesen Beyspielen wird auf die verdeckten Quinten und Oktaven nicht gesehen; denn diese gehören auf contrapunktische Blätter.

**) Die Natur läßt uns auch die tiefen Grundnoten auf einer Violine vernehmen; wovon die Ueberzeugung § 41. erscheinen wird.

§. 3.

Es hat also der Baß zum Gesange hier keine Viertel- oder Mittelbaßnoten, sondern lauter Grundbaß-noten, die zu einem vier- und vollstimmigen Gesange sehr bequem sind. Folglich sey diese Gesangleiter mit ihrem Basse die erste und vorzüglichste, und es wird genug seyn, aufrichtig zu gestehen, daß ich in so weit dafür eingenommen bin. Hätten wir aber nichts als Grundbaß und keine Mittelbaßnoten, so sähe es heut mit der Composition wüst und kahl aus. Bey einem Accord mit Terz minor können wir uns ohnehin nicht auf das Monochord u. s. m. beruffen, als welches nur immer eine Terz major mit hören läßt. Und wie viel schöne Sätze haben wir nicht nur mittelst Septimen und ihren Versetzungen? Z. Er.

Hier fallen also in Ansehung der äußern Stimme die Grundbaßnoten weg*). Und ich wollte balb ein halb Dutzend Fugen — meisterliche Fugen vorfinden, wo einer Wochen oder gar Monate zubrächte, die Grundbaßnoten deutlich zu zeigen. Und aber wozu? Wäre es nicht Sünd und Schade um die Zeit? Würde der meisterliche Verfasser der Fugen über eine solche Plackerey nicht lachen, wenn er es erführe? Daher will ich die Leitern lieber auch mit Mittelbaßnoten aufsetzen. Es kann nehmlich bey jedem vorfallenden Dreyklange (nehmlich einem Klang mit der Terz und Quinte) der Terzsprung des Basses die Stelle der Grundbaßnoten vertreten. Unter andern auch dieser Ursache halber wurde sie (nehmlich so wohl die kleine als große Terz) von den alten Nota medians (vermittelnde Note) genannt**). Z. Er.

§. 4.

Hier im Basse die erste Note e ist eine vermittelnde Note anstatt der Grundnote C. Die zweyte Note h anstatt G. Die vierte Note a anstatt F. Die fünfte Note e abermahl anstatt C. Die siebente Note d halte ich diesmal ebenfalls für vermittelnd, weil sie anstatt des untern G zu stehen kömmt***).

Es versteht sich aber bey diesem §. 4. nur die Fortschreitung in der Mitte eines Gesanges, sonst müßte es (wie bekannt) zum Anfange nicht die Note e, sondern die Grundbaßnote C seyn). Da die Mittelbaßnoten††) nun schon begreiflich sind, so brauche ich sie fernerhin hoffentlich nicht mehr mit Viertelnoten zu unterscheiden. Ich habe vorher über §. 3. gemeldet, daß die Grundbaßnoten sehr bequem sind; ja, die Generalbaß-

B 2   spieler

---

*) Von No. 1. an sind es vier unvollkommene Accorde, und von No. 2. an sind es vier chromatische.

**) Die kleine Terz leidet zwar dießfalls Ausnahmen.

***) Insgemein sind zwar in der Setzkunst die meisten Noten vermittelnd.

†) Jedoch kann, wenn ein unmittelbar vorgängiger Gesang völlig geschlossen wird, nicht nur die Terz, sondern auch die Sext, die große Quarte u. s. m. anstatt der Grundnote eintreten. Auch hörte ich einst eine gute Arie mit Tempo allegro, wo der Baß das Mittel-Tutti eben mit der Terz und nicht mit der Grundnote anfieng. Dergleichen Ueberraschungen sind aber nur beliebige Seltenheiten.

††) Wenn es was nützte, könnte man die Accorde mit den Mittelbaßnoten leicht Mittelaccorde heißen.

ſpieler oder Organiſten müſſen es ſelbſt fühlen: Ich will es über ſelben Baß § 3. (ohne auf den äußern Geſang zu ſehen) durch die dreyfache, das iſt, die tiefe, die mittlere und die hohe Lage zeigen, nehmlich lauter vollkommene Accorde. Z. Er.

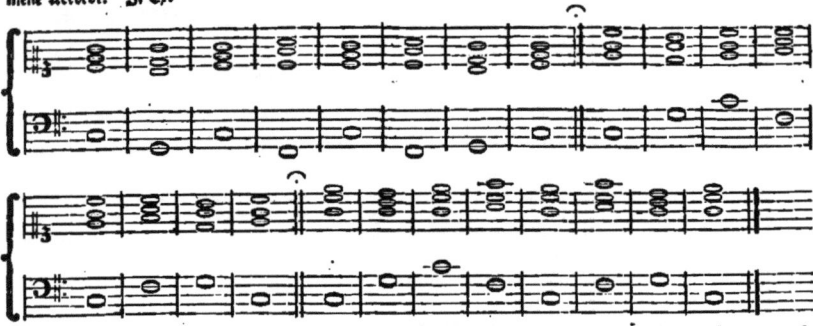

Hier ſteht bey jedem Accord eine Quinte und Oktave zu hören; die Stimmen aber wechſeln damit ab, daher iſt es keine unmittelbare Folge wider die Regel.

Dieſe ſind nun einem Organiſten was ſehr leichtes; aber bey den Mittelbaßnoten muß er weit vorſichtiger ſeyn, um nicht eine Folge von offenbaren Quinten oder Oktaven zu machen, z. Er. über § 4.

Jedoch nein — Ich hätte mirs ſchwerer vorgeſtellt.

Auch ſtelle ich mir vor, daß Terzen außer Anfang und Ende zwiſchen Geſang und Baß durchaus ſtatt finden; ſie ſeyen zum Gebrauche meinthalben vermittelnd oder unvermittelnd, mittelbaß- oder grundbaßmäßig. Z. Er.

§. 5.

Und die Sexten ſind ja faſt eben ſo gute Conſonanzen, z. Er.

§. 6.

Um

Um so richtiger ist es, daß Serten, Terzen und Grundbaßnoten fleißig mit einander abwechseln können. Ich dächte also, es könnten diese Leitern §. 3, §. 5, §. 6 (und §. 4. dazugenommen) einem Anfänger schon vieles Licht geben, da er zum Gebrauche des Basses nun schon die vier vorzüglichsten Intervalle kennet, nehmlich die Oktave, Quinte, Terz und Sert.

Es läßt sich zwar der Baß (sonderbar heutiges Tags) so wenig eng einschränken als der Gesang, daher will ich noch etliche hierzu dienliche und bewährte Nebenleitern anzuschauen rathen, und vor andern erinnern, daß zwo Quinten in unmittelbarer Folge, NB. mit einer einzigen Stimme gegen die andern, bekanntermaßen verboten, hingegen können einzelne Quinten (auch außer denen, die §. 3. vorkommen) nach Gelegenheit und Belieben ohne Gewissensscrupel gebraucht werden, z. Er.

§. 7.

Das ist also in Ansehung des äußern Gesanges*).

Ein Organist würde mit der rechten Hand anfüllen wie ungefähr folgt:

Auch eine Oktave kann, ob sie schon in der Grundleiter §. 3. nicht enthalten ist, hier oder da beliebt werden, z. Er.

§. 8.

Es sind ebenfalls nur Oktaven in Ansehung des äußern Gesanges. Ich würde ihn vielleicht beziffern und spielen, oder zu diesem Violingesange die Begleitung setzen, wie z. Er.

Oder:

Dieser Begleitung ungeachtet kann der Violingesang die bemerkten Oktaven gegen den Baß beybehalten.

Der unvollkommene kleine Septimeaccord ward vor Alters, wann er ohne einzige vorherliegende Note frey und wesentlich eintrat, für fehlerhaft ausgeschrien, und in Fugen und mehr contrapunktischen Sätzen wird er auch dermal noch stark vermieden. Freylich kann da der Baß nach kundbarer Anzeige der Natur weder eine Mittelbaß- und noch weniger eine Grundbaßnote genennet werden**). Inzwischen lautet er, wenn er mit der Terz und Quinte angefüllt wird, gar nicht unangenehm. Deswegen findet er itzt wenigstens im freyen Styl überall Gönner.

Es sey ihm also eine Leiter gewiedmet, z. Er.

§. 9.

*) Mir zwar will hier die Fortschreitung vom fünften bis sechsten Takt nicht wohl behagen, ob sie gleich nicht wider die Regel ist. Ich irre mich zwar öfters.

**) Vielleicht könnte dieses eben zur Auflösung der Frage dienen, warum ihn, wann er nicht widrig lautet, die Alten verboten haben? Die Septime ist und bleibt an und für sich freylich immer eine Dissonanz.

J. Riepels Baßschlüssel. C

10

§. 9.

Ich habe hier unmittelbar nach der Septime, im 5ten Takt die Note c als Terzsprung des Basses setzen müssen; denn auch deswegen wird die Terz von allen Tonmeistern eine vermittelnde Note (Nota medians) genannt, und nicht nur weil durch die Terz die harten von den weichen Tonarten unterschieden werden. Hätte ich nach der Septime anstatt c die Grundbaßnote C gesetzt, so wäre es ein Fehler, es stünde das c gleich oben oder unten, z. Ex.

Es ist also bey No. 1. die Fortschreitung von der Septime in die Quinte abgeschmackt — ja so abgeschmackt als alle verbotne Quinten und Oktaven, und eben daher verwerflich. No. 2. ist folglich die nothhülfliche Vermittelung. No. 3. ist ganz gut. No. 4. von der kleinen Quinte so zur großen hinauf ist so schlecht als No. 1, hingegen No. 5, wo Anfangs, nehmlich auf der Haupttonik eine große Quinte, und eine kleine herab darauf folget, wird von einigen Meistern gestattet; zumal wenn mit Terzen, wie bey No. 6. ausgefüllt wird.

Ich zwar mache ohne äußerste Noth keinen Gebrauch davon. Allein dieses widerleget nichts. Die Bindungen, die durchlaufend- verwechselt- und ausschweifenden Noten sind für diesen Entwurf zu weitläufig, und sie gehören auch vielmehr zum vollen Contrapunkt. Doch nur noch ein Paar kleine Beyspiele:

§. 13.

§. 13.

Aber es setzte vielleicht tausenderley Veränderungen ab; ich muß aufhören, sonst käme ich wenigstens ins Hunderte hinein. Das Gröbste haben wir doch schon vom Halse. Ich wünschte nur, daß ein Anfänger diese dreyzehn § in die übrigen Toniken übersetzte, dann wollte ich ihm auch praktische, ganz einfache Beyspiele drüber schreiben; denn sonst wäre zu besorgen, daß er sich, wenn ich auch nur in die nächste beste Mittelconart ausweiche, nicht darein finden würde. Es ist zwar einem Anfänger so nothwendig als vortheilhaft, einen Gesang auch über den Baß setzen zu lernen. Ich will also zwischen Hofnung und Zweifel fortschreiben. Erstlich über die Gesangleiter §. 3. mit den Grundbaßnoten, z. Ex.

Dieser Baß (Grundbaß hin Grundbaß her) deucht mir dennoch so durchaus, ich weiß nicht zu altväterisch, zu matt oder zu plump zu seyn. Ich will ein Paar Mittelbaßnoten einmischen um ihn ein wenig aufzufrischen, z. Ex.

Und mit der Anfüllung muß dabey eben gar keine Schwierigkeit seyn,*) z. Ex.

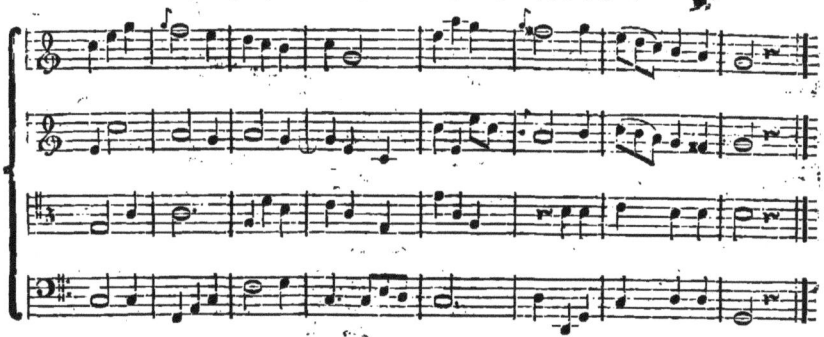

Aber der Secundviolingesang ist hier fast so schlecht als der Violingesang einiger gedruckten Sonaten, a Cembalo col Violino obligato, die ich neulich gesehen habe. Außerdem wäre hier auch der Hauptgesang so durch die Harmonie zu sehr verdeckt. Es wäre denn für einen Liebhaber, der die Harmonie dem Gesange vorzieht. Sonst läßt man nicht nur in so kleinen, sondern auch in großen und ernsthaften Sätzen die 2 Violinen oft gern mit einander im Einklange gehen, um den Hauptgesang dem Gehöre deutlicher beyzubringen und ihn zu

C 2 erheben;

*) Ich sagte, und werde vielleicht öfter sagen, daß zu zweystimmigen Liedern oder Duetten, die zusammen mehrentheils in Terzen oder Sexten bestehen, ein Componist sich vorzüglich der Grundbaßnoten bedienet.

erheben; ja es wird auch oft ein schlechter Gesang dadurch gebessert *). Es werden nur hier und da schmeichelhafte Terzen- und Septengänge ausgenommen; wie unter tausend Gattungen der Figuren nur z. Er.

Ich will auch über §. 4, indem da der Baß jünger und galanter lautet, ein klein Beyspiel herschreiben, aber NB. zum Anfange doch eine Grundbaßnote setzen, um die Tonart nicht zu verhunzen:

Nun auch über §. 5, z. Er.

Dergleichen Terzen mit dem Basse erheben einen einfachen Gesang oft ungemein. Jetzt über §. 6, z. Er.

Dieses Beyspiel ist nicht fehlerhaft; aber vom ‡ an lautet der Baß als wäre er eine pur ausfüllende Mittelstimme. Es ist also eine Anzeige, daß die Terzen als mediantes mehr Gewichte haben, z. Er.

Auch lauten die Serten sogleich baßmäßiger, wenn sie von den Terzen abwechselnd unterstützt werden, z. Er.

*) Terzen und Serten machen den Gesang angenehm; zu einem prächtigen Stück soll man aber damit fast sparsam seyn. Einige wollen wissen, dieser Unterschied zeige eines Komponisten Gemüth an. Ich glaube aber, es kommt auf den Komponisten an, diesen Unterschied, so oft er es für gut befindet, zu bestimmen.

Es kömmt auch vieles auf die Lage der beweglichen Intervalle an, denn §. Er.

Bey †† fängt die Tonart G an, und ist diese Lage mit der in der Tonart C im zweyten Takt beym NB. einerley, und eben so gut; denn das Ohr kann bey (M), wo die Tonart G offenbar ist, nicht anders als vergnügt seyn. Ich will auf die nehmliche Art fortfahren; hilft es nicht, so kann es doch auch nicht schaden; also über §. 7, §. Er.

So zweystimmig ist dieses Beyspiel erträglich; aber das vollstimmige belangend fällt mir bey der Fortschreitung von dem vierten zum fünften Takt, nehmlich bey (O) eine Kleinigkeit ein; in Beyspielen:

Da der Terzsprung des Basses (hier die Note e) eine Nota medians ist, so fühlt man bey No. 1. fast so vollkommene Accorde auf einander folgen als die verworfnen bey No. 2. Es ist nehmlich diese Folge No. 1. im Vollstimmigen allzeit bedenklich. Ich, wenigstens, welche ihr immer aus. Die einzige Gegenbewegung (wie §. Er. bey No. 3.) kann einigermaßen vermitteln; oder auch daß die Septime (wie bey No. 4.) von der ersten Sext her liegen bleibt und in die folgende Sext gelöst wird. Und eben so kritisch wäre außer der vermittelnden Gegenbewegung auch No. 5. über bemerktes (o). Ich habe nur, um diese Gänge nicht für ganz verwerflich zu halten, die Vermittelung zeigen wollen; sonst hätte ich vorher leicht sehen können*). 3. Er.

Nun kann ich wieder weiter fahren, folglich über §. 8.

Hier vom fünften bis sechsten Takt helfen die Pausen vermitteln; folglich sogleich über §. 9, §. Er.

*) Hier gleich im vierten Takt folgen vermittelst des Vorschlags, zwo Quarten auf einander; allein jeder fühlt sogleich den Vorschlag als einen Affekt.

J. Riepels Baßschlüssel.

· 14 ·

Von der Septime bey (P) habe ich eine Weile vorher schon gesprochen. Die bey (Q) hat vermöge ihrer Lage im Vollstimmigen die kleine Quinte und kleine Terz bey sich*) sie kömmt in Kompositionen freylich weniger vor, als die Schärfung mittelst des ♯ bey (R). Abermal ein wenig weiter, nehmlich über §. 10, z. Er.

Durch † bemerke ich, daß es, wenn ich, anstatt der vermittelnden Baßnote e ein c gesetzt hätte, eben eine abgeschmackte Fortschreitung von der kleinen Quinte hinauf in die große wäre. Hier muß ich einem Anfänger sagen, 1) daß die Bindungen (gleich den Vorschlägen, wofern sie nicht gar hieraus entsprungen) zierliche Zurückhaltungen sind. 2) Daß die Baß-Bindung hier im ersten Takt nur eine Versetzung des fünften Taktes ist, **) da wo die 7 in die 6, und folglich bey der Versetzung im ersten Takt die 2 in die 3 gelöset wird. Daher haben einige auch das Vergnügen ganz recht zu sagen, daß eine gebundene Baßnote, worüber die 2 steht, selbst eine Dissonanz sey. Ich will itzt die Bindungen weglassen, aber im Gesange doch Vorschläge dazu setzen, sonst lautet er gar zu kahl. 3. Er.

Es ist nicht nöthig, daß die Dissonanz-Vorschläge mit den Ziffern überein treffen. Es heißt ja, die Dissonanzen seyen die Würze. Daher sind Anfänger zu bedauern, die entweder an der Begleitung, oder an dem Gesange selbst stümmeln, um Dissonanzen zu tilgen. Sie sind freylich nur so behutsam, weil sie noch zu wenig gute Musik gehört haben. Und wenn sie auch die durchlaufenden, verwechselten u. f. m. Noten noch nicht kennen, so ist es kaum dienlam, etwas davon zu zeigen. Mir kömmt es zwar auf etliche Noten nicht an, z. Er.

Nun wieder weiter über §. 11, z. Er.

Der

---

*) Die drey übrigen Versetzungen dieser Septime lauten so unharmonisch als die Versetzungen der großen Septime, oder als der kleinen mit der kleinen Terz und ächten Quinte; deswegen wird auch von Meistern wenig an sie gedacht, ausgenommen etwan in Bindungen oder in motu obliquo. Ich habe mich eben auf diese zweystimmigen Beyspiele verlassen, weil da verschiedene Kleinigkeiten zu bemerken vorkommen; sonst hätte ich weit mehr als dreyzehn Gesangleitern vorschreiben, und zugleich viel contrapunktische Regeln erklären müssen.

**) Plan der Versetzung: $\begin{Bmatrix} 1 2 3 4 5 6 7 8 \\ 8 7 6 5 4 3 2 1 \end{Bmatrix}$ woraus erhellet, daß aus 7 die Zahl 2, und aus 6 die Zahl 3 entspringt, ?c.

15

Der Baß kann sehr oft helfen, so wie hier von dem vierten zum fünfte Takt, ganz bequem zu einer beliebigen Tonart zu gelangen. Jetzt über §. 12, 1. Er.

Der geschärfte Einfall im britten Takt mag in andern Sätzen manchmal sinnreich ausfallen; allein insgemein fällt er fast streng ins Gehör; denn der Baß scheinet eine andre Fortschreitung zu verlangen, nehmlich vom zweyten Takt an, §. Er.

Einige sind zwar liebhaber von geschraubten Sätzen.

Daß aber ein Tonsetzer sich damit keiner Kunst rühmen kann, will ich nur durch einen Anfang von den vorigen Anfängen zeigen, §. Er.

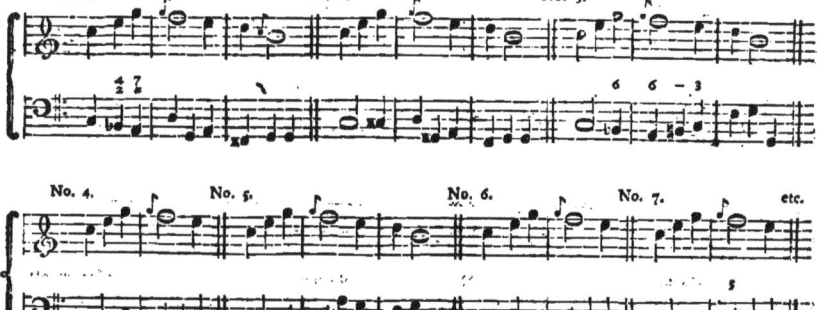

No. 1 und No. 2. sind für mich gar zu eng zusammen geschraubt; der Gesang wird dadurch widerwärtig; es sey denn, daß vielleicht ein Text dazu Anlaß geben könnte. No. 3. lasse ich endlich gelten. Sanfter aber lauten No. 4, No. 5 und No. 6. Durch No. 7. habe ich zeigen wollen, daß die kleine Quinte im freyen Styl eben so frey anschlagen darf als die Septime. Eben No. 7. erinnert mich an eine Zweydeutigkeit; denn die kleine Quinte wird in der Manuduction vom Fux eine Dissonanz genannt; man sehe aber folgende Beyspiele:

D 2   No. 8.

Einer Dissonanz-Bindung gemäß (dafern der Baß während der Auflösung nicht ausschweift) wird eine Dissonanz in eine Consonanz gelöset, so wie bey No. 8. die Quarte in die Quinte, NB. in die kleine Quinte, die daher für keine Dissonanz zu halten ist. Es wird zwar No. 9. im britten Takt die kleine Quinte in die Sext gelöset, es ist dieses aber (wie der zweite Takt weiset) eine Consonanz-Bindung. Die übermäßige Quinte ist im Zwey- und Mehrstimmigen ein sehr herbes Intervall; aber sie behält dessen ungeachtet (wie bei No. 10 und No. 11.) die Natur einer ordentlichen Quinte, maßen da wirklich eine abgeschmackte Folge von zwo Quinten zu hören steht. Kurz die kleine und übermäßige sind mit der wahren Quinte so fest vereinigt, als die Schale und Rinde mit ihrem Stamme. Jedoch kann man sie auch Dissonanzen heißen, weil sie an und für sich nicht schön, sondern ächzend und greinend lauten. Aber im Durchgange werden sie, außer einer Folge von zwo Quinten, manchmal doch gehört. Ich gebe mein Gedächtniß so wenig als meine Einsicht für unmittelmäßig aus; daher ist mir lieb, wenn ein Anfänger in meiner Schreiberey fleißig Widersprüche entdeckt, und zu seinem Behuf das, was ihm etwan gut zu seyn deucht, allmählich verbessert. Es fällt mir eben über No. 8. ein Gedanken ein, z. Er.

Ich habe die alte Gewohnheit, den Vorschlag insgemein nur mit einer Achtel- oder Sechzehnnote zu bezeichnen, folglich gilt der bey No. 12. so viel als die zweyte halbe Note bey No. 13. Nun nimmt mich Wunder, daß ich heut diesen Satz so ziemlich leiden kann, da doch, wie bey No. 13. offenbar ist, zwo Quinten auf einander folgen. Die Vorschläge haben freylich was ganz besonders. Ehedem habe ich lieber den Baß zum Gesange No. 12 gesetzt, so wie bey No. 14, welcher zwar für sich ebenfalls eine Achtung verdienet. Bey No. 15. machen Sänger und Solo-Spieler bey der Quarte gern einen Vorschlag so wie bey No. 16, und zierlicher bey No. 17. zu sehen. Und da meines Erachtens selbige Quarte f, nehmlich die dritte Note bey No. 15 und No. 16. aus dem Vorschlage bey No. 18. entstanden, so ist dieser Baß in soweit richtiger, als der bey No. 17. Besselerte Sänger mögen vormals damit angefangen, und empfindsamen Komponisten selbst einen Hang dazu eingeprägt haben; denn man sieht in meisterlichen Sätzen verschiedene solche Vorschläge sogar mit wesentlichen Noten ausgedrückt. Außerdem wäre von dergleichen affektirten Freyheiten zu viel zu schreiben, ich muß auch etliche Täkte über §. 13. zeigen, z. Er.

17

Dieſer Baß, nehmlich die erſten 4 Takte belangend, wäre vielleicht im Vollſtimmigen beſſer zu brauchen; denn ich habe in meinem Leben unzählich viel vierſtimmige Choralgeſänge gehört, die alle ſich ſo ähnlich waren, als hörte ich immer einen und denſelben. Dieſer Aehnlichkeit kann der Baß um ſo mehr ſteuren, wie öfter er von der Ordnung der oben beſchriebenen Generalbaßleitern abweichet. Allein zu dem hier vorigen Geſange wäre in den erſten 4 Takten ein allgemeiner Baß natürlicher, z. Er.

Nun will ich denn auch die abſteigende Gesangleiter ein wenig betrachten, z. Er.

§. 14.

Dieſe eilfertige Abweichung von der Haupttonart in die Quinte haben wir auch oben bey der Generalbaßleiter geſehen. Und hier ſind es ebenfalls die allerliebſten Grundbaßnoten dazu. Aber, ohne die Leiter ſo in zwo Häſſen abzutheilen, vernähme das Ohr von dem 4ten zum 5ten Takt, (der Gegenbewegung ohnerachtet) eine Folge zweyer hart auffallenden Oktaven. Daher kann, wenn die Leiter unabgetheilt bleiben ſoll, im 5ten Takt der Terzſprung des Baſſes abermal eine Mittelbaßnote ſeyn, z. Er.

§. 15.

Oder auch im dritten Takt eine Mittelbaßnote, z. Er.

Dieſe ſo gähe Wendung von der Haupttonart zur Quinte hat nur zum Anfange eines ernſthaften Geſanges für das Ohr zu wenig Selb, Stoff und Nahrung.

Man könnte dagegen durchaus in der Haupttonart bleiben, wenn ein kritiſcher Querſtand zu dulden wäre. Dieſen zu erklären, muß ich erſtlich melden, daß die Alten (wie ich gehört und geleſen) eine Folge von zwo großen Terzen mißbilligten. Dieſes halte ich aber für einen Mißverſtand; denn Fur hat ja im Tractat deren gar drey nach einander, pag. 164. nahe am Ende der dreyſtimmigen Fuge in der Tonart

J. Riepels Baßſchlüſſel. E

art F, die so anfängt:  ꝛc. Sie besteht in Alt, Tenor und Baß. Ich will blos nur selben Gang, aber mit Violin, Bratsche und Baß zeigen, z. Er.

Man sehe No. 2. die drey großen Terzen zwischen Violin und Baß von dem zweyten bis zum dritten Takt.

Eben No. 2. verschaft auch sonst noch eine kleine Anmerkung; denn die im dritten Takt beym NB. spitzig auffallend übermäßige Quinte wäre nicht für mich; mein Geschmack wäre nur für No. 2. fein genug. Es schreiten zwar die obern zwo Stimmen artig von einander, nehmlich eine hinauf die andere herab, so daß jede gleichsam einen Gesang für sich formiret; folglich lasse ichs einen Meistersatz seyn. Just fällt mir ein vierstimmiger Kirchensatz bey, von einem Anfänger, der unter andern in der Mitte desselben die obere Stimme und den Baß gleichfalls hübsch gegen einander schreiten ließ. Ich will diesen Gedanken nur zweystimmig zeigen, z. Er.

Der hierüber erhaltene Beyfall machte ihn so taub, daß er 14 Tage hernach auch die folgende wild lautende Harmonie als eine schöne Erfindung wohl anzubringen glaubte; blos der Gegenschreitung zu liebe!

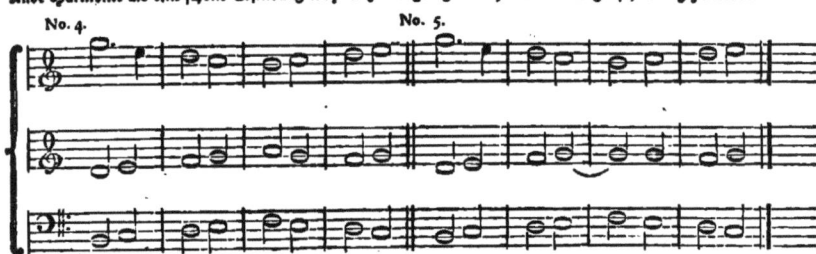

Ein No. 5. würden hingegen alle Zuhörer, sonderbar in Ansehung seiner Jugend, gut aufgenommen haben. Allein dieses gehört nicht zum vorbemeldten Mißverstand. Ich glaube und sage demnach, daß von den Alten zwo große Terzen nur in absteigender Gesangleiter für verwerflich gehalten worden sind*). Z. Er.

§. 16.

Das

*) Und zwar forderhaftsamst zwischen der obersten Stimme und dem Basse; aber auch nur in gewissen Lagen und Wendungen.

Das wären freylich in der Tonart C (ohne die Mitteltonart der Quinte G nöthig zu haben) lauter gute Grundbaßnoten; aber es folgen herab zwo große Terzen nach einander, wie vom zweiten bis dritten Takt zu sehen, als welche Fortschreitung in der That sehr hart und widrig lautet, weil das F fa des Basses unmittelbar auf das H mi der obern Stimme folget, und deswegen mit Recht ein Mi-contra-fa, oder ein unartiger Querstand genennet wird; welchen ich auch mit einem sichtbaren Querstrich bemerkt habe. Wollte einer den Querstand vermeiden, und den Leitergesang dennoch unverrückt beybehalten, so könnte der Baß mit Mittelnoten abhelfen. Z. Ex.

Man trift bey alten Meistern Gesänge an, die diesen Baß vorzüglich gewählt zu haben scheinen, ja ich bin wirklich auch darein verliebt; und wenn die ausfüllenden Mittelstimmen nichts dawider haben, dann kann man diese Baßnoten alle für Grundbaßnoten ausgeben.

Wenn der Baß einen von zwey zu zwey Takten abgetheilten Gang hat, so können die Ohren sich auch ziemlich leicht darein finden, obgleich der Querstand nicht aufgehoben wird, z. Ex.

Auch fühlt man den Querstand zwischen den zwo großen Terzen nicht so sehr, wenn eine kleine Terz von gleicher Dauer vorhergeht, z. Ex.

Daß diese zweyerley Beyspiele erträglich sind, kömmt daher, weil jede erste von zwo Noten die sogenannte Thesis, oder gute Niederstreichs-Note ist; die zweyte ist aber allezeit (Arhsis) die schwächere oder weniger nachdrückliche Note im Aufstreich. Das Ohr vernimmt nehmlich da 2 Takte so, als wären sie nur ein einziger Takt; und ich will der Deutlichkeit wegen über beyde Beyspiele aus ganzen Schlägen nur halbe machen, folglich wird jeder Niederstreich sichtbar Thesis, und jeder Aufstreich Arhsis seyn, z. Ex.

Der Unterschied zwischen Thesis und Arhsis kann vielleicht noch deutlicher gezeigt werden, z. Ex.

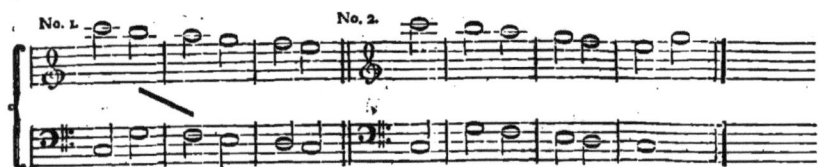

No. 1. ist über §. 16, folglich ins Ohr zu hart. Das macht eben die von c ins g springende Grundbaßnote, als wodurch selbe Arhsis mit ihrer großen Terz gegen die im zweyten Takt darauf folgende Thesis zu stark hinschreiet. Ein anders ist es mit No. 2, weil da nach dem Vorstrich die erste große Terz eine Thesis, und die zweyte als Arhsis bey der unspringbaren Bewegung nicht so nachdrücklich ist. Ich habe zwar in meisterlichen Arien u. s. w. meine Meynung hierüber öfters wahrgenommen; indessen kann jeder sein Gehör leicht zu Rathe ziehen und prüfen, ob ich Recht oder Unrecht habe. Aber ach! — dieser in vielen Schriften erwähnte und kritische Querstand hat mich dergestalt eingenommen, daß ich bald auch die Sexten vergessen hätte. Z. Ex.

Es ist wahr! — auch vermittelst der Sexten ist der Querstand gut zu vermeiden,*) z. Ex.

Es scheinet auch, es sey die Natur selbst mit dem Querstand nicht allerdings zufrieden, weil sie den Tonsetzern gemeiniglich gleichsam dictirt, in der Gesangleiter eine Note zur Vermittelung zwischen die zweyte und dritte Note zu setzen,**) z. Ex.

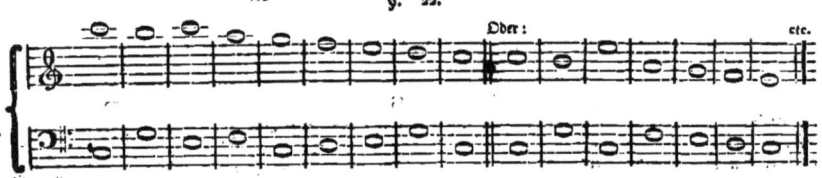

Im ersten Exempel ist die dritte Note c dazwischen gesetzt, und im zweyten ist es die dritte e. Dieses heut allgemeinen Mittels haben vermuthlich sich schon die uralten Meister bedient, als welche auch außer der Leiter gute diatonische Sätze hatten, die man immer noch aufsuchen und nachahmen darf. Ich will nur einen einzigen bemerken, z. Ex.

§. 23.

*) Ich habe bey der aufsteigenden Leiter über §. 4 und wegen §. 5 und §. 6. gesagt, daß ich (außer dem Begriff eines Gesanges in der Mitte) dort zum Anfange die Grundbaßnote c hätte setzen müssen; dieses versteht sich nun auch hiervon bey §. 18, §. 19 und §. 20.

**) Bey meinen geringen Sätzen kömmt der Querstand selten oder gar nicht zum Vorschein; vermuthlich weil ich selten oder gar nicht daran denke.

§. 23.

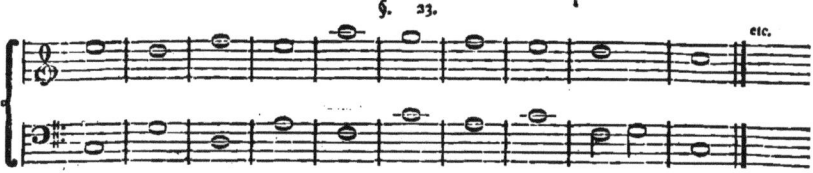

Ich hörte vor einigen Jahren sagen, es lasse sich zu manchem äußern Gesange gar kein Baß setzen; ich halte das aber für eine Unwissenheit. Es ist nur ein Baß vor dem andern besser. Die Aegypter, und ihnen auf dem Fuß nachfolgenden Griechen hatten, wie ich in einem alt-französischen Traktätchen gelesen, verschiedene tiefe und bloß nur eintönige Baß-Instrumente zu ihren Gesängen gehabt. Also ein Baß, den man um so sicherer Grundbaß nennen kann, weil damit eine Tonart fest in Ohren haften bleibt. Dieser Grundbaß wird auch heute noch von den größten Meistern mit darunter gut genutzt*). Ich will nur die zwo Gesangleitern, nehmlich auf- und absteigend, damit zeigen, z. Er.

§. 24.

§. 25.

Der Accord über dem Baße, hier im zwenten Takt, kömmt in Kompositionen manchmal doch zu hören, der im fünften Takt fast öfter, und bey dessen gewöhnlichen Bezifferung die Quarte allezeit darunter begriffen ist. Ich hätte anstatt dessen leicht eine Sext und Quarte über die Secunde setzen können; allein dieser Accord lautet **) nicht allezeit so erträglich, als jener mit der Quint und Quarte.

Der motus obliquus, wenn nehmlich der Baß so liegen bleibt, oder auf einem Intervall fortlauft, muß oft wohl noch härtere Dissonanzen, auch chromatische Accorde und Figuren über sich nehmen; ja ich zweifle, daß die gedachten Aegypter und Griechen sich so weit gewagt hätten.

Nun meinthalben auch kurze praktische Beyspiele nach der Reihe, erstlich über §. 14, oder lieber gleich über §. 15. mit Beyhülfe einiger Mittelbaßnoten, z. Er.

Allein zu dieser Taktart brauchte ich zu viel Noten, ich will lieber den Drenvierteltakt beybehalten. Folglich über §. 16. Z. Er.

*) Kurz, es kann bey geschraubten Gesängen helfen, wozu kein anderer Baß zu erzwingen ist.

**) Ob ihn gleich, weil er aus der Versetzung der Septime entspringt, manch hörloser Systematiker vorziehen mag.

J. Riepels Baßschlüssel.

Hier im zweyten Beyspiele wird der Querstand durch den Absatz bey (†) dergestalt gemildert, daß mancher Meister sogar einen besondern Affekt dadurch sucht. Jedoch bleibt es eine Seltenheit. Außerdem ist sehr bekannt, daß einige den Querstand durch die Septime, oder durch einen Vorstreich vermeiden, z. Er.

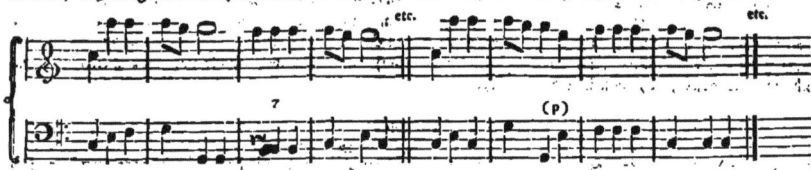

Es ist aber auch wahr, daß der Gesang manchmal fast zum Ekel unterbrochen wird, wenn ich ihn mit keinem Auf- oder Vorstreich anfange, und doch nachher (wie ungefähr bey (p) hier) einen einflicke. Es giebt zwar dießfalls immer löbliche Ausnahmen. Ich habe einsmals von einem berühmten Römischen Contrapunktisten über einen Text: de passione Domini, einen vierstimmigen Gesang eben mit dem öfters darin vorkommenden Querstand gehört, der mich rührte, ohne einzige widrige Fühlung. Es mag freylich wohl der pathetische Text mit dem langsamen Zeitmaße dazu geholfen haben. Ich zeige ihn in möglicher Kürze, und nur vermittelst der einzigen tiefen Lage, z. Er.

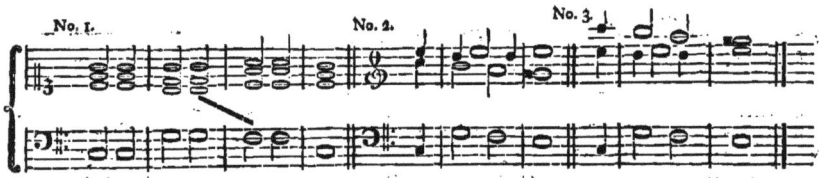

Es ist der Satz No. 1. Ein besseres Gehör als das meinige hätte vielleicht anders geurtheilet. Bey No. 2. in der Mittelstimme, und bey No. 3. in der äußersten Stimme folgen gegen den Baß absteigend drey große Terzen nacheinander; sie werden aber durch die Ausfüllung gemildert, und die Natur zeigt im Basse sogleich die Wendung herab zu E, als der Quinte zur Tonart A an. Diesen Unterschied hätte ich bey §. 16. bemerken sollen. Nun aber über §. 17, z. Er.

Auch

Auch gleich über §. 18. z. E.

In beiden diesen Beispielen aber singet die Secundviolinne wiederum nicht gar schön; die Harmonie läßt den Hauptgesang (für diesmal die erste Violine) nicht deutlich genug vorragen. Ein anders wäre es bey einer contrapunktischen Fuge, oder zur Begleitung einer Arie, eines Concerts u. s. m. Es gehört aber die Ausfüllung (obgleich ein Componist sonst zugleich auch mit dem Basse immer ein wenig auf sie bedacht sein muß) nicht hieher, sondern ins Fach des Contrapunkts; folglich will ich die erste Violin allein singen oder laufen lassen. Meinthalben mag die Secundviolinne im Einklange mitlaufen, über §. 19, z. E.

Hierüber könnte der Baß vielmal variirt werden. Ich will nur eine einzige Veränderung zeigen, z. E.

Allein davon ist die Rede, und Sexten kommen auch im folgenden Beyspiel über §. 20. vor, z. E.

Hier singt die Bratsche im dritten bis vierten Takt nicht schön; sie ist aber, da sie von je her gemeiniglich nur für die reine Ausfüllung sorget, nicht so stolz als andre Instrumente, sonst wäre sie leicht ein wenig aufzumutzen, z. E.

24

Schmucknötchen mit Violinen, wie hier in der Bratsche bey (S), sieht man in meisterlichen Sätzen öfters, und die dem General-Baßspieler (außer einem langsamen Zeitmaße) selten mit Ziffern ausgezeichnet werden, weil da die gebundne Quarte gleich andern ungebundnen Nötchen nur als ein kurzer Vorschlag verdeckt durchschleicht. Durch (T) bemerke ich, daß, wenn auch die Violinen durchaus im Einklange sind, die Secundvioline unmittelbar vor der Schlußnote manchmal dennoch gerne Sexten- oder Terz-weise ausfüllen hilft. Einigen Meistern scheinet die Schlußnote der Bratsche als Quinte, wie bey (V) gar nicht zu gefallen, sie suchen wie sie können und mögen die Terz dafür anzubringen. Vermuthlich fällt ihnen die Quinte beym endlichen Ruhepunkte zu harmonisch aus*). Mir hat es immer gleich gegolten. Ich will aber itzt über §. 21. die Bratsche mit der Terz schließen lassen, z. Ex.

Ich habe in der Jugend keinen Rathgeber gehabt, daher hätte ich nicht getraut, in der Harmonie eine Quinte, eine Terz, oder eine Sext wegzulassen; oder anstatt deren (um eines geschärften und hellern Zusammenlauts willen) manchmal lieber eine Octave zu verdoppeln. Dieses Mißtrauen kann ich mir noch nicht ganz abgewöhnen; da ich doch überzeugt bin, es sey die größte Kunst, gelegentlich sogar vollkommen leer zu setzen, um dadurch erwünschten Effect und lauten Beyfall zu erhalten. Aber ich gerathe leider immer auf Abwege! — Also über §. 22. z. Ex.

Ober:

Nun

*) Ich habe vor einigen Jahren gehört, es wollte ein berühmter Italienischer Meister eine Schrift herausgeben und zeigen, daß bey der Ausfüllung die Quinte meistentheils auszumustern sey, weil fordersamst dieses Intervall den Hauptgesang zu sehr verdunkelte. Es haben ihn aber vermuthlich zu vielerley Gegenstände davon abgehalten. In manchen stark ertönenden Saal, in einem hallend und wiederschallenden Gebäu macht eine Musik von vollgestrotzter Harmonie freylich ein unverständliches Gesumme. Auch eine sehr zahlreiche Besetzung scheinet beynahe nur Einklang- mäßig stark auszufüllen. Dieses haben aber auch große Meister schon vorlängst eingesehen, und sich darnach gerichtet. Daher sind eben ihre Werke bloßen Harmonisten unbegreiflich, und zuwider.

Nun über §. 23, z. Er.

Wunderlich! just hat es sich gefügt, daß bey diesem vortreflichen alten Baßgange die Secundevioline mit ihren Terzen sich sehr artig verhält*).

Der motus obliquus wird stark und verschiedentlich gebraucht**), folglich hilft ein einzig praktisches Beyspiel nichts. — Inzwischen können etliche Täkte über §. 24 und 25. nicht schaden, z. E.

Diese Accorde sind aus bewährten Kompositionen bekannt, und ein solcher liegend, gehend oder laufender Baß erlaubt dem Affekt auch eine frey anschlagende Nonne, z. Er.

No. 2. habe ich bey einem klassischen und ernsthaften Meister gesehen, ob da der Baß gleich zur None nicht vorher liegen bleibt. Er hat sich vermuthlich auf die Vorschläge verlassen.

Von

*) Ich sage es noch einmal: Dafern nur ein Anfänger den Baß allmählich kennen lernet; es mag zu diesem Endzweck der Baß gleich zum Gesange, oder der Gesang (so wie hier) über den Baß formirt werden.

**) Ja so vortheilhaft gebraucht, daß diejenigen Unrecht haben, die da vorgeben, es wäre zu manchem geschraubt- und verwickten Gesange gar kein Baß möglich.

J. Riepels Baßschlüssel.

Von dem motu obliquo, wenn nämlich eine Stimme im Gesange selbst sich auf einem Intervall aufhält, denke ich heut auch noch eine Anmerkung zu machen *). Ich will indessen hier nur ein einzig kurzes Beyspiel zeigen.

§. 26.

Ein schon nahmhafter Komponist hat sich mit kühnen Sätzen, wie der hier bey No. 1. hervor gethan. Um die verminderte Quarte durchdringend hören zu lassen, suchte er anstatt 2 gar 4 Achtelnoten g x anzubringen. Er füllt auch nicht aus, wie ich hier mit der Bratsche, um dadurch die Säure doch ein wenig zu dämpfen. Weil denn meine Noten mit g x nicht lange dauern, so wären sie fast nur für kleine ausschweifende Noten zu erklären, so, daß ich den Baß bey No. 1. für einen varirten Baß über No. 2. ausgeben könnte, wenn ich nicht zu furchtsam wäre. Vielleicht aber verbreiten sich diese, und mit der Zeit noch weit kühnere Sätze. Einige sagen, die Musik steige immer, und andre sprechen, sie falle. Ich sehe beydes so wenig ein, als ob Gesellschaften, die ihren ganzen Witz auf musikalische Pasquille verwenden**), das erste oder das andre befördern helfen.

Der Gebrauch der verminderten Quarte und ihrer Versetzung der übermäßigen Quinte ist zwar (NB. in Mittelstimmen) schon seit 200 Jahren bekannt; denn man will sie in Sätzen des großen Pränestino entdeckt haben. Ich zeige sie in Kürze, z. Er.

Es ist aber ganz was anders, wenn der Baß, wie im vorigen kühnen Beyspiele, selbst Antheil hat. Man sehe sie daher noch einmal in einer Ariette, z. Er.

No. I.

---

*) Ich hätte bey der vor vorigen Anmerkung noch melden sollen, daß mir gleichfalls immer vorgeworfen wird, ich mache die Begleitungen zu vollstimmig. Es mag also leicht eine eingewurzelte Gewohnheit seyn.

**) Auch in Orten, wie es heißt, wo sonst die Musik nicht nur blühte, sondern reif war. Wenn ich Zeit habe, will ich mich doch erkundigen, wo? ob? oder wie?

27

Es ist hier bey No. 1. zwar nur der Anfang von der Singstimme. Sie war mit gedämpften Violinen sammt Flöten und Fagotten, gesetzt vom großen Basse, die ich zu Dresden in der Opera *Didone* von der berühmten Faustina selbst singen hörte*). Die Ueberraschung mittelst der verminderten Quarte rührete mich bis zu einem schaurigen Entzücken. Ungeachtet ich nach der Hand diesen Satz auch bey zween Komponisten gesehen, die ihn (höflich gesagt) durchaus geborgt haben, kann ich mich doch nicht mehr erinnern, ob es hier im dritten oder im fünften Takt der rechte Baß ist.

Den Satz mit der übermäßigen Secunde bey No. 2. habe ich bey andern Meistern öfter angetroffen.

Die verminderte Oktave**) verdient auch etliche Noten und ein paar Worte, z. Er.

*) Der Text deucht mir geheissen zu haben: Va crescendo il mio tormento etc.
**) Oder man heiße sie mehrentheils die kleine Oktave.

Bey No. 3. sind es Grundbaßnoten. Es ist aber auch der Baß bey No. 4. bekannt, als wovon die Dauer des Vorschlags bey No. 5. mit ordentlichen Noten, und folglich die verminderte Oktave deutlich zu sehen ist; sie schleicht aber da, wenn das Zeitmaaß nicht gar zu langsam ist, ziemlich leise durch*). No. 6 und No. 7. sind freilich reiner und wider Kritler sicher gestellt. Nur No. 8, wo das zweite c der Primvioline und das c ж des Basses zugleich zusammen stoßen, lautet zum Entsetzen wild. Das gute Gegentheil sieht man bey No. 9. Die übermäßige oder erhöhte Oktave (wesentlich so gesetzt wie bey No. 10.) braucht man nicht erst zu hören, sondern sie nur zu sehen macht Grauen. Es ist zwar auf Orgeln und viel andern Instrumenten zwischen g ж und a b kein Unterschied, aber eines jeden, auch nur mittelmäßiges Gehör wird bey No. 11. die Tonart mit Terz minor sogleich fühlen. Ich habe zwar sagen hören, es thue einigen Anfängern wohl, daß sie mit Sätzen, wie z. Er. bey No. 8 und No. 10. sich brüsten können**). Ich werde aber hoffentlich nicht um Vergebung bitten dürfen, daß mein Geschmack von dem ihrigen unterschieden ist.

Nun muß auch die Gesangleiter mit Terz minor betrachtet werden; denn der Unterschied ist merklich, z. Er.

Man sieht und hört gleich, daß diese Leiter zwiefächig ist; denn von der Quinte G bis ins obere C gehört sie zur Tonart Terz major, der sie folglich in so weit unterworfen, ob sie gleich hauptsächlich mit der Tonart Eb oder Es sehr nahe verwandt ist. Einige Feindenker haben, der Natur zum Trotz, selbes Fach von G an mittelst chromatischer Fortschreitung für terzminormäßig erklärt, z. Er.

Als wenn dergleichen Gänge nicht auch in einer Tonart Terz major vorkämen, z. Er.

Es kann freylich durch Vermittelungsnoten geholfen werden, wovon hernach. Itzt muß ich den Baß dazu setzen, z. Er.

§. 27.

Es sind also hier wiederum lauter Grundbaßnoten. Allein die Fortschreitung von g an lautet fast streng. Mag mir einer tausendmal sagen, es sey alles gut, was die Regel nicht verbietet, so traue ich ihm gerade zu nicht. Nun mit Mittelbaßnoten, nämlich gleich mit Terzen, z. Er.

§. 28.

Das

---

*) Weil der Baß während der Dehnung der äußern Stimme mit seinen Noten nur anticipirt oder vorgreift. Und einem solchen Satz sieht man manchmal (vermuthlich um des Affekts willen) sogar bey einen großen Meister.

**) Meines Erachtens sollten sie nur vorher hübsch einsehen lernen, um mit Freyheiten Kredit zu erhalten.

Das lautet von g an, wegen der drey großen Terzen, fast noch strenger. Sie können aber drey- oder vierstimmig (wie im Beyspiele von Fux, nach §. 15, No. 1 und No. 2.) einigermaßen gemildert werden. Also mit Serien her!

§. 29.

Ein jeder sieht ein, daß ich, um das fa contra mi zu meiden, die Leiter habe abtheilen müssen. Die erste Hälfte habe ich in vollstimmigen Sätzen gehört, aber die zweyte meines Erinnerns niemals*) Ich will beyde nur halbweg vollstimmig anschauen, z. Ex.

Ja, ich habe öfters wahrgenommen, daß der Baß bey No. 1. vermittelst einer starken Besetzung so nachdrücklich und ernsthaft lautet, als der viel ältere Baß bey No. 3. Hingegen bey No. 2. mag der Baß noch so tief gesetzt sein, so gleichet er doch nur einer Mittelstimme und macht der Regel, die ihn zwar erlaubt, keine große Ehre. Mir wären die Seltenheiten No. 4 und No. 5. vielmal lieber, obgleich die große Quarte nicht von vorn her liegen bleibt. Wenigstens ist da die Fortschreitung hübsch stuffen- und nicht sprungweis wie bey No. 6. als welcher Fall so ohne Auflösung (es sey die Tonart mit Terzmajor oder minor) mir dermaßen zuwider ist, daß ich ihn kaum in einem Recitativ mit guter Laune anhören könnte, wie große Freyheiten der begleitende Baß zum

*) Ein sicherer Komponist nennet dergleichen Sätze (vermuthlich aus Scherz) hysteron proteron.

J. Riepels Baßschlüssel.

zum Recitativ sonst immer hat. Ein Liebhaber von dergleichen Sätzen mag mich also bedauern. Daß die Generalbaßleiter und die Gesangleiter, als Anverwandte, sich manchmal augenscheinlich versetzen lassen, das kann ich über die nur erstbemerkten No. 4 und No. 5. zeigen, z. Er.

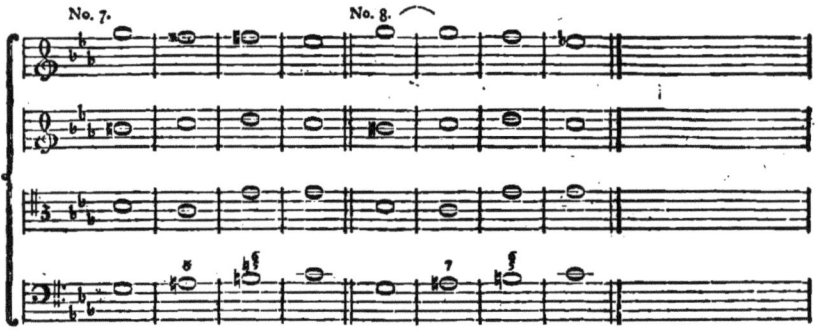

Alle diese vier Beyspiele, nämlich No. 4, No. 5, No. 7 und No. 8. lauten in der Tonart mit Terz major freylich milder als hier mit der Terz minor. Es ist auch der Baß hier bey No. 7 und No. 8. in seiner Fortschreitung artiger als bey No. 4 und No. 5; das hebt aber den Gebrauch des heute ungeheuren Umfangs der Tonkunst nicht auf.

Itzt wieder zur Gesangleiter, z. Er.

Bis zum a b (als fa) inclusive ist diese Leiter ganz natürlich; wenn nur das h als ein hierzu ungehöriges mi nicht darauf folgte. Es läßt sich aber die Leiter mit einer dazwischen gesetzten Note durchaus natürlich machen, z. Er.

Beym † ist die Note g dazwischen gesetzt, und hier sind es durchaus Grundbaßnoten. Ich will den Baß ein klein wenig galanter zeigen, und itzt eine Note c dazwischen setzen, z. Er.

Nun steht auch die absteigende Leiter zu betrachten, z. Er.

Das

Das waren also zugleich die Grundbaßnoten dazu. Es scheinet zwar als sehne sich die erste Hälfte des Gesangs nach der Tonart Eb, nämlich so, z. Er.

§. 33.

Es ist vorher bereits bekannt, daß die Septime, wie hier beym NB., im freyen Styl frey anschlagen darf, und um so freyer die kleine Quinte, wie im folgenden Basse, z. Er.

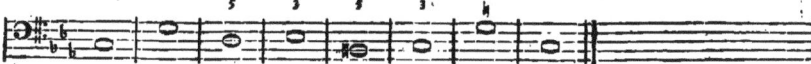

Oder anstatt dieser Quinte und Septime auch Sexten, z. Er.

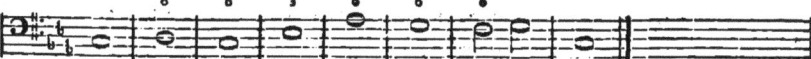

Der sich zugleich die volle Harmonie vorstellt, findet bald verschiedene Bässe, z. Er.

Sonst heißt es freylich: Wie unkennbar eine Tonart mit Terz minor im Aufsteigen durch die letzte Hälfte wird, eben so unkennbar ist sie im Absteigen bey der ersten Hälfte. Setze einer gleich noch so viel Baßveränderungen dazu; auch die Pausen können meines Wissens dießfalls nichts helfen, z. Er.

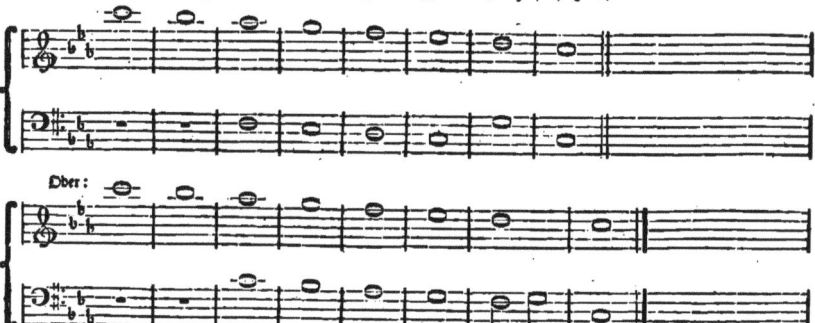

Ungeach=

Ungeachtet diese zwey Beyspiele weiter gar nicht zu verachten sind. Ein vierstimmiges Beyspiel kann hier auch nicht schaden, z. Er.

Es folgt hier zwar das fa, nämlich ♭b im fünften Takt des Basses unmittelbar auf das h mi der Secundvioline im vierten Takt; allein die Ausfüllung deckt und mildert. Folgen sie hingegen herab nackend, und auf einer nämlichen Stimme aufeinander, so sind sie unleidentlicher als wie bey §. 30. mit voraus stehenden fa. Zum Exempel,

§. 34.

Ist hier die obere Stimme schlecht, so ist der Baß gewiß noch schlechter. Das schönste ist aber wieder, daß diese unartige Gesangleiter durch Vermittelungsnoten natürlich, und so kennbar gemacht kann werden als eine Tonart Terz major selbst. Z. Er.

§. 35.

Es vereinigen sich hier also h und c, um mit Genehmhaltung der Natur die Tonart deutlich herzustellen *).

In willkührlichen Abwechselungen der Bässe, und mit praktischen Beyspielen wird ein Anfänger mich zu überheben itz hoffentlich schon fähig seyn.

Soll ich nun aufhören hiervon zu schreiben? — Nein, es wirft noch kleine Anmerkungen ab. Ich muß auch sogleich errinnern, daß die Gesangleiter in hurtigen Läufen ohne Vermittelungsnoten beybehalten wird, z. Er.

herab gut.   hinauf gut.

In

*) Diese erklärte Vermittelung scheinet auch fast jedem Gehöre angeboren zu seyn; denn ich habe auf dem Lande, in Flecken und Städten selten ein Lied mit der kleinen Terz ohne solche Vermittelung singen hören.

In Solo-mäßigen Gesängen ist wider das §. 30 und §. 34. bemerkte fa contra mi, oder mi contra fa schon lange eine zierliche Ausnahme üblich, die ich in der Tonart G Terz minor zeigen will, damit ich keine so hohe Noten zu schreiben brauche, z. Er.

§. 36.

No. 1 und No. 2. sind bekannt, und guten Sängern etwas leichtes. No. 3 und No. 4. sind hingegen schwerer, und lauten schlechter. Die Ursache dessen liegt in Arsi und Thesi. Dem gravitätischen Basse werden dergleichen gespitzte Fortschreitungen nicht zugemuthet, sondern er giebt als nur darauf Acht, und dennoch habe ich vor einer Zeit in einer wohlgesetzten Symphonie ein Andante gehört, wovon ich den Anfang zeige, z. Er.

Der Verfasser hat auch sogar im Basse (wie im fünften Takt zu sehen) das fa und mi mit einem Bogenstrich zusammen gebunden, um es von dem darauf folgenden fa mi abzusondern, und vermuthlich deswegen hat es den Zuhörern gefallen, und als eine Seltenheit mir auch, so jung der Baß immer lautet*). Vergnügt brachte er bald wieder eine Symphonie mit einem Andante im $\frac{3}{8}$ Takt, wo er zur Ausfüllung einigemale die verminderte Terz nahm; worüber die Zuhörer ihren Ekel kaum bergen konnten, und ich auch nicht. Er fragte einen mitspielenden Freund, warum er den Kopf geschüttelt, und er erhielt die höfliche und listige Antwort, es verstünden diejenigen italiänischen Tonsetzer ihre eigne Sprache nicht, die zu einem $\frac{3}{4}$ oder $\frac{3}{8}$ Takt anstatt Larghetto oder Moderato das Wort Andante (zu teutsch gehend oder schrittmäßig) brauchten; maßen es von andare (gehen) herkäme, der Mensch aber nur zween und nicht drei Füße hätte. Der Verfasser merkte erst ich den Spaß und bekannte, daß er sich von Scribenten habe verleiten lassen, welche die verminderte Terz (harmonisch genommen) blos deswegen vertheidigen wollen, weil sie mittelst der Versetzung nichts anders ist als eine übermäßige Sext, und diese Sext doch auch manchmal gebraucht wird. Er war also vielmehr zu bedauren. Ich weis, daß auch der berühmte Meister Tartini in seiner harmonischen Abhandlung**) die verminderte Terz für gut, und zwar S. 161. mittelst eines vierstimmigen Satzes***) für so praktisch erklärt als die übermäßige Sext†). Das ist abermal ein Zeichen, daß nicht alle Menschen von gleichem Geschmacke sind. Denn ich habe einstens im *Libera me Domine de morte aeterna* bey dem darauf folgenden Text, sonderlich zum Wort *amara* die verminderte Terz genommen, und damit Wunder zu wirken geglaubt, z. Er.

No. 1.

*) Wenn mancher Meister zu manchem Ausdrucke des Textes sich dergleichen Freyheiten bediente, so dürfte man den Baß freylich nicht jung nennen.

**) Trattato di musica secondo la vera scienza dell' armonica. In Padova, 1754. Appresso Giov. Manfrè.

***) Wovon er spricht: Si quò trattare praticamente tal genere di musica, e per quanto risulta alle mie, e altrui orrechie disappassionate, con ottimo effetto.

†) Was noch mehr, ein sicherer Wörtler nennet sie noch beyde Consonanzen.

Aber die Sänger fiengen im 6ten Takt nicht so bald die zweyte Sylbe von *amara* an, als die mehresten Zuhörer umsahen, stutzten und glaubten, der ganze Chor wäre in Verwirrung gerathen. Die Musiker hielten es zwar nur für einen Kopisten-Fehler. Ich aber bin dadurch abermal überführt worden, daß den Versetzungen nicht zu trauen sey. Ungeachtet die verminderte Terz eb nicht in der obersten, sondern in der untersten Mittelstimme, nämlich im Tenor, folglich so in der Tiefe ziemlich verdeckt war, kratzte ich, um den so bittern Ausdruck nicht mehr zu hören, das b moll beym e des Tenors und bey der Bezifferung des folgenden Tags fleißig weg, so wie bey No. 2. zu sehen; als welche gähe Schärfung noch immer bitter genug lautet. Nur die verminderte Quarte und ihre Versetzung die übermäßige Quinte habe ich bey den vorhergehenden Wörtern: *calamitatis et miseriae* nicht abgeändert, weil sie, vermuthlich wegen ihrer kurzen Dauer und erwünschten Auflösung, Zuhörern und Kennern nicht mißfielen. Das war also etwas von der vollen Harmonie; ein anders ist es abermal mit Solo-mäßigen Gesängen, z. Ex.

Der verminderte Terzsprung bey No. 3. ist bekannt, leicht, und vielmal besser als die Versetzung, nämlich als der übermäßige Sextsprung bey No. 4; folglich das Gegentheil von der vollen Harmonie.

Die

Die Verwechselung No. 5. mag ich nicht, und No. 6. noch weniger. Der verminderte Quartſprung No. 7. iſt ebenfalls ein wenig leichter und beßer als die Verwechſelung No. 8. Ihre Verſetzung, nämlich der Sprung der übermäßigen Quinte bey No. 9. ſcheinet mir als hätte ich ihn einsmals bey einem meiſterlichen Komponiſten auch geſehen, aber No. 10. gewiß niemals. No. 11. iſt in arioſen Sätzen faſt mehr üblich als No. 12. Ich traue mir auch nicht No. 13. und ſonderbar No. 14. für verwerflich zu halten. No. 15 und 16. ſind heut guten Opernſängern ſehr geläufig; auch No. 17. kommt im Recitativ manchmal vor. Es fällt mir nicht bey, ob, oder wie No. 18. ſingbar zu brauchen wäre. Eine Solo-mäßige Baßſtimme ſuchet insgemein eine nachdrückliche Höhe, und überhaupt die andern 3 Solo-Stimmen nachzuahmen *), im Tutti hat ſie es aber leichter, als dieſe, weil die Inſtrumentbäße mitgehen, die von rechtswegen immer ſtark beſetzt ſind; daher fallen ihr No. 20. No. 21. No. 24 und No. 25. nicht ſchwer. No. 19. ſuchte ich durch No. 20. lieber zu meiden **). Daß ein Sänger künſtliche Intervalle im Tutti ſchwer trift, das kommt daher, weil ihm die übrigen Ausfüllungsſtimmen zugleich in die Ohren ſchreien. Deswegen haben ſchon die Alten in ihren diatoniſchen Harmonien vorſichtlich ſogar auch den Septmajorſprung zu ſetzen verboten. Man hört zwar manchmal eine chromatiſche Fuge, aber zugleich mit Inſtrumenten, und da dann jede Singſtimme auch den Geſang des anfangenden Thema ſogleich im Gedächtniße behält.

Aber ach! ich bin vor zu warmen Eifer unvermerkt vom Baſſe abgewichen. Die Verſchiedenheit der Figuren wäre beynahe unbeſchreiblich, ich will alſo nur etliche bemerken, z. Er.

Der Baß bey No. 1. No. 2 und No. 3. wird, um eines deutlichen Unterſchieds wegen, der Italiäniſche Baß genannt.

Einige nennen ihn, ſo höhniſch als unbeſonnen, einen Trommelbaß ***). Er macht aber doch keinen ſo großen Lärm, ſondern er ſchleicht immer ſo ſanfte fort, daß die tauſenderley Figuren und Affekten des Geſanges (man ſehe und höre berühmte Werke!) dadurch ſich nach Wunſch und Willen auf das deutlichſte auszeichnen; welches eben von langen Zeiten her die vorzüglichſte Regel kluger und ganzer Meiſter iſt.

Der bey No. 4. No. 5 und No. 6. wird ein Franzöſiſcher Baß genannt. Vielleicht deswegen weil dergleichen Bäſſe (vermittelſt welchen *Corelli* und ältere italiäniſche Meiſter ihre diatoniſch- und contrapunktartigen Sätze hauptſächlich auszuſchmücken, oder vielmehr den Mangel eines arienmäßigen Geſanges zu erſetzen ſuchten) in Frankreich am eifrigſten nachgeahmet werden. Ich habe zwar von einem der größten deutſchen Meiſter ein vollſtimmiges und (ohne Arien-förmliches Solo) ſehr prächtiges Te Deum laudamus gehört, das durchaus, nām-

J 2

*) Jedoch ſind für ſie (dem Verlauf nach) ſehr hurtige Läufe und hurtige Triller unnatürlich.
**) No. 22. iſt abſcheulich, und No. 23. faſt eben ſo.
***) Und ſo hießen ihn auch einige, die ihn endlich ſelbſt häufig brauchten; indem ſie Gefühl hatten und den Geſang allmählich kennen lernten.

nämlich zu allen Verſikeln einen franzöſiſchen Baß hatte. Das war aber eine mit Fleis ausgeſuchte Seltenheit; denn in ſeinen übrigen Werken brauchte er beyde untermiſcht, jedoch den italiäniſchen Baß immer vorzüglich, und das vermuthlich um die angenehmen Solo-Geſänge durch kreuz- und quer-rumpelnde Baßbewegungen nicht zu verdunkeln. Ich bin vor einigen Jahren mit einem Freund, als wir 2 Violinconcerte ſpielen hörten, uneinig geworden. Ich will von jedem nur einige Noten des Anfangs-Tutti herſetzen, z. Er.

Das erſte lautete durchaus weit prächtiger und geiſtiger als das hier bey No. 2, dieſes hingegen viel ſanft- und ſingender. Er ſchrieb den Effekt des erſten dem franzöſiſchen Baſſe zu; ich aber verſicherte, es läge vielmehr am Geſange, der bey No. 1, wie zu ſehen, mittelſt tiefen und hohen Noten erweitert, bey No. 2 hingegen eng beyſammen wäre; und es wären mit italiäniſchem Baſſe doch auch prächtige Compoſitionen bekannt. Er verſetzte, daß eine Singſtimme keinen ſo weiten Umfang der Töne habe, als z. Er. eine Violine, folglich — aber kann es dabey nicht, ſagte ich, mehrentheils nur auf das Thema und die begleitenden Inſtrumente ankommen? Endlich vereinigten wir uns in dem, daß unſre Meynungen weit mehr praktiſche Proben erheiſchten, maßen Pracht und Zärtlichkeit nicht die einzigen Stufen und Gegenſtände ſind. Und ein erfahrner Meiſter weis den Geſang zu erheben, ob er gleich allerhand Figuren und Baßarten zur Begleitung wählt. Man könnte den franzöſiſchen einen variirten Baß heißen, dieſer aber nimmt insgemein mehr harmoniſche Ausfüllungsnoten, und mit darunter ausſchweifende zu ſich, z. Er.

Ich habe bey No. 1. die Ziffern angemerkt, allein ein geübter Generalbaßspieler bedarf deren nicht, er vernimmt den Gesang zeitlich genug um sich darnach zu richten. Den hirtenmäßigen Baß bey No. 2. habe ich auch schon gehört; der bey No. 3. ist freylich mehr bekannt. Bey No. 4 und No. 5. schlägt bey jedem Takt eine Quinte mit der ersten Violine gegen den Baß frey an. Da aber diese Quinten von keiner Dauer sind, und der Baß eine hinlängliche Gegenbewegung hat, so ist es nicht möglich, eine Folge verbotner Quinten zu vernehmen *). Bey No. 5. scheinen die herab ausschweifenden halben Töne nur außer einem mehr hurtig als langsamen Zeitmaaße hart aufzufallen. Eben bey No. 4 und No. 5. muß der Baß von einem Takt zum andern um eine ganze Decime herab springen, da doch dergleichen Sprünge außer einem Solo-Gesange verboten sind; hier aber formirt der Baß bey jedem Takt für sich selbst einen eignen und deutlichen Gesang, und man sieht bey Meistern manchmal einen noch weitern Sprung, der als eine Ueberraschung so gewaltige Wirkung thut, daß ich diese Seltenheit nicht habe unberührt lassen wollen.

Mit den variirten Bäßen ist es schon so weit gekommen, daß ich mich erinnere, auch sehr junge, und gleichsam Solo-mäßige Bäße gesehen und gehört zu haben z. Er.

Mit hurtigen Zeitmaaße auch durchlaufende Achtelnoten, z. Er.

Es fällt mir itzt nicht bey, wann Bäße wie bey No. 6 und No 7. füglich zu brauchen wären. No. 8. ist fast gemein. No. 9. habe ich auch einsmals gehört, ob da gleich der Baßgang bey der letzten Hälfte einen besondern Accord nämlich so wie bey No. 10. zu verlangen scheinet.

Meintwegen können es Einige noch weiter treiben; es würde doch nichts frommen, wenn ich darthun könnte und sagte, daß dergleichen Bäße vor hundert und mehr Jahren nichts gegolten haben.

Erst vor etlich und zwanzig Jahren hörte ich hier Orts auf einmal einen ganz neuen, nämlich einen Harfenbaß, der mehrentheils mit hurtigem Zeitmaaße vorkömmt, z. Er.

Ein italiänischer Meister, Namens *Alberti*, hat sich, wie es heißt, am ersten damit hervor gethan; deswegen werden sie hier Albertische Bäße genennet**). Sie verbreiteren sich nicht so bald in kleinen Klavierstücken und Sonaten, als in Concerten, sage, in Klavierconcerten auch die Soli damit weiblich untermischet wurden.

*) Sie folgen nämlich nicht unmittelbar aufeinander; der Wiederholung ähnlicher Figuren für diesmal zu geschweigen.
**) Da in Italien die Klaviersachen, eines feinen Vortrags ungeachtet, in keiner besondern Achtung sind; weil die Noten (sonderbar auf den gemeinen Flügel) nicht mit darunter lang aushaltend fingen, so hat *Alberti* diesen Mangel vermuthlich einigermaaßen zu ersehen gesucht.

J. Riepels Baßschlüssel.

In einigen Gegenden bemüheten sich Klavierspieler und Komponisten, nach ihrer Gewohnheit, verächtlich davon zu schreiben, man achtete aber außer ihrem Kreise weder sie noch ihre Sätze mehr.

Ich dachte hierüber bey mir nach, wie folget:

Mancher war ehedessen froh, wenn er so mit der linken Hand ausfüllen konnte, wie bey No. 3; es schallet aber zu Holzhauerisch; hingegen die zergliederten Noten dieser Accorde, nämlich bey No. 1. lauten noch einmal so sanft*), und die Solo-Stimme der rechten Hand nimmt sich dabey doch deutlich genug aus. No. 4 und No. 5. sind heut noch nicht darunter gewöhnlich und gut. Auch erzjunge Bässe mit dem Alt- oder Diskantschlüssel werden manchmal um einer angenehmen Veränderung willen kurz gefaßt eingemenget, wie z. Ex. No. 8. oder auch mit der linken Hand ohne Doppelgriffe. Der Tadelsucht ist zuförderst No. 2. ausgesetzt; denn die vier Sechzehnnoten des Gesangs im zweyten Taktviertel stimmen gar nicht mit dem zergliederten zweyten Taktviertel des Basses. Es heißt aber, was die vollen Accorde zugeben, das sey auch den davon abstammenden Zergliederungen erlaubt. Nun ist wider den ersten halben Takt bey No. 6. nichts einzuwenden, folglich in so weit auch nichts wider No. 2. Das war eins. Diesemnach setzt es eben bey No. 2. im letzten und darauf folgenden halben Takt Oktaven ab; aber man bezieht sich damit gleichfalls auf die vollen Accorde und denen zufolge sind bey No. 6. die nehmlichen Oktaven nicht mehr zu sehen und zu hören. Das war das zweyte.

Es lautet aber No. 6. in Ansehung der dritten Ausfüllungsstimme des Basses fast so oktavenhaft als No. 7. Welches also das dritte ist, und den heftigsten Widerspruch leidet. Allein die besagte harfenmäßige Zergliederung mildert, und es werden ja dermal die Oktaven gern anstatt des Einklangs gesetzt z. Ex. die erste Violin oben, die zweyte in der Oktave unten. Auch schon lange hört man die Flöten u. s. m. mit den Violinen hier und da oktavenweis harmoniren. Man betrachte dergleichen Sätze in vielen Diskant- Alt- Tenor- und Baß-Arien. Geschiehet es sparsam und bescheiden, so ist es desto besser. Es sind ja unter andern die Oktavenregister auch in Orgeln um des Wohlklangs willen vorlängst ersonnen worden**). Wer verachtet sie? — Oder fehlt ein Organist, wenn die Violinen, und Stimmen hoch stehen, und er mittelst der gewöhnlichen tiefen Lage bekleidet? wodurch nämlich fleißig Oktaven gefolgert werden. Es war aber die Rede hauptsächlich von Harfenbässen. Vielleicht verfallen Meister nach und nach wieder auf ganz andere Ausszierungen***). Ich meines
Orts

---

*) Und wenn hier ein Klavierist dergleichen Bässe nicht fertig wegspielen kann, so heißt es gleich, seine linke Hand sey steif. In einem Orgel-Concert werden aber durch diese Bässe die Solo-Stimmen zu sehr verdeckt. Es versteht sich, daß sie auf dem Flügel nur zu einer beliebigen Abwechselung dienen.

**) Daß die Orgeln selbst (laut des albern Vnum scribe quater: tunc organa structa fuere) erst Ao. 1111. in Europa sollen den Anfang genommen haben, das gehört zur übrigen Dunkelheit der musikalischen Geschichte.

***) Ich glaube immer, daß die heutige Musik in den Zeiten der Könige Davids und Salomons würde wenig bravo! erhalten haben.

Orts bin zu schwach und furchtsam, mich mit ganz besondern Erfindungen abzugeben, ich getraute mir nicht einmal, die Oktaven bey No. 2. stehen zu lassen, sondern ich ändere lieber den Gesang um sie zu meiden. Ich habe aber selbes Beyspiel gezeigt, um sagen zu können, daß einige Komponisten seit wenigen Jahren noch viel größere Freyheiten gebrauchen, und doch mehrentheils Beyfall erhalten, so daß ich oft bey mir denke und zweifle, ob reinere Sätze heut zu Tage vielleicht nicht schon zu allgemein sind. Um so weniger bin ich fähig hierin ein Urtheil zu fällen, zumal wenn solche geistreiche Künstler sich auf den italiänischen Denkspruch berufen *): Fehle so viel du willst, dafern du nur das Gehör nicht beleidigest.

Hiermit können freylich ungeheuer viel Contrapunktregeln überstimmet werden. Ich gestehe, daß ich mir manchmal selbst damit geholfen habe; denn es kann meines Wissens sehr oft (cum et minima circumstantia mutet casum) eine Regel der andern weichen. Aber Sätze, die ich vor einigen Jahren (dans les opera comiques) gesehen, wären gar nicht für mich. Es ließe sich hierüber leicht ein entsetzlicher Foliant beschreiben, ich will aber aus einer solchen Opera **) nur eine Cadenz hersetzen, z. Ex.

No. 1.

Alle dergleichen neumodische Harmonien haben in Deutschland hier und da eine Zeit hindurch viel Verehrer gehabt, denen vielleicht folgender Begleitungsbaß weniger Reiz würde verschaft haben, z. Ex.

No. 2.   No. 3.

Der mit Vorschlägen gezierte Gesang bey No. 2. ist wesentlich nicht anders als der bey No. 3, und deswegen hielte ich den Baß dazu für weit besser als den bey No. 1; allein ich bekam einsmals von einem guten deutschen Tonkünstler eine Symphonie, die mir sehr wohl gefiel, und wovon ich ebenfalls nur die Cadenz zeige, nämlich vom ersten Allegro, z. Ex.

Die zweyte Violine war mit der ersten, und die Bratsche mit dem Baße im Einklange. Ich sah, was leicht zu sehn, daß die Bratsche mit Terzen zum Baße gar füglich ausfüllen könnte; ich schrieb also die guten Terzen hin, und hierauf wurde die Symphonie mit gehöriger Besetzung gespielt; allein die Cadenz that lange nicht mehr die vorige Wirkung ***). Meine Meynung war also falsch; der tapfere Baß wurde durch die harmonischen Terzen entkräftet.

*) Pecca quanto vuoi, ma non ferire le orecchie.
**) L'école de la jeun esse genannt. Man frage nur Kenner, denen dergleichen Werke genau bekannt sind. Ich kann nichts verachten, was andern gefällt.
***) Das mahnet mich an den berühmten *Galluppi* detto *il Buranello*, der in seiner Jugend den Contrapunkt (wie in seinen Kirchenstücken zu ersehen) gründlich erlernte, nachmals sich öfters, vermuthlich dem Gesang zu Liebe, über die Regeln wegsetzte; jedoch, da er zu Neapel zum erstenmal eine Opera zu komponiren hatte, wendete er zur vollen Begleitung und harmonischen Auszierung möglichsten Fleis an; aber die ganze Opera ward nicht gut aufgenommen. Er sah endlich den Fehler ein; und da er eine Zeit hernach daselbst eine zweyte Opera zu schreiben bekam, so ließ er die Begleitung so leer als es immer möglich war; und er merkte sogleich, daß es erwünschten Effekt that, und erhielt auch allgemeinen Beyfall.

Ich will auch von einem Tonkünstler, der mehrentheils fremde und muntre Gedanken liebt, einen kurzen Anfang eines Finale aus einer Symphonie hersetzen, z. Ex.

Auch hier würden die Terzen mit der Bratsche dem Baß verdunkelt, und dem Verfasser das laute Vivat der Liebhaber nicht verschafft haben *). Unzählich mehr dergleichen freye Sätze könnten manch tiefsinnigen Neulingen nicht behagen, ich wende mich also zu den bekannten durch Pausen unterbrochnen Bäßen, z. Ex.

Man stelle sich ein Anfangs-Ritornell mit den Instrumenten indessen nur in Gedanken vor, worauf denn bey (M) die Singstimme anfängt. Bey (N) fuhr der Verfasser mit den unterbrochnen Bäßen weiter fort bis zur ersten Cadenz in G, NB. er machte in diesem ersten Theil der Arie in der Mitteltonart G zwo fast verlängerte Cadenzen nach einander, und um die zweyte deren noch mehr zu zieren, oder dem Sänger zu gefallen, fieng er bey (O) mit einer Drehung an, wozu er wie zu sehen, den italiänischen Baß wählte und so hin die zweyte Cadenz G endigte. Nun so verfuhr er auch mit dem folgenden Theil der Arie. Ich will hiermit nur gesagt haben, daß die unterbrochnen Bäße, sie mögen von Liebhabern noch so hoch geschätzt werden, die Ohren ermüden wenn sie lange dauren. Der italiänische Baß ist aber, daure er manchmal noch so kurz, zu solcher Vermittlung sehr willkommen, gleich als käme er aus der Fremde wieder zum Vergnügen nach seiner Bestimmung zurück. Da es aber der unterbrochnen Bäße eine Menge giebt, und sie auch Kennern nicht mißfallen, so will ich noch etliche Figuren davon zeigen, z. Ex.

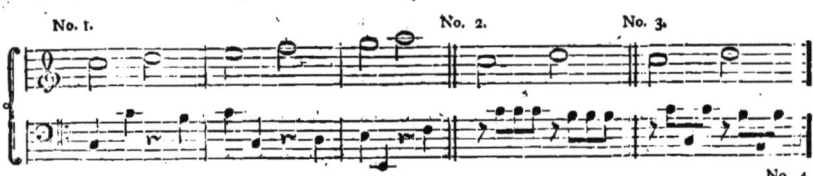

*) Eines theils sollte man dem sogenannten Genie fast frühnen. Ein sehr reicher Herr in Deutschland hatte, heißt es, große Meister in seiner Nachbarschaft, er ließ aber auch von einem italiänischen Meister (Einige sagen von Dottell) Flötenstücke verschreiben, die lange nicht so regelmäßig gesetzt waren, und sie gefielen ihm doch vorzüglich. Die großen Meister waren bös; aber niemand kann eine Ursache errathen.

41

Wenn z. Ex. ein Andante unmittelbar auf ein vorgängiges Stück einfällt, so kann der Baß nach Willkühr, mit einer Pause anheben, wie bey No. 2 und No. 3; außerdem aber halte ichs vor natürlicher und mannbarer, wenn der Baß die Tonart gleich mit angiebt, wie bey No. 4, No. 5 und No. 6. Wenn der Gesang einen Aufoder Vorstreich hat, so kann z. Ex. No. 8. manchmal so beliebt seyn, als No. 7. Aber bey No. 9. muß der Baß den Vorstreich natürlicher Weise mit machen. Ist ein Andante kurz, so kann ein unterbrochner Baß leicht durchaus behalten werden, oder auch mit den französischen abwechseln. Was ich hier vom Andante sage, das läßt sich gelegentlich bey jedem Zeitmaaße beobachten. Und ein Anfänger würde mich auslachen, wenn ich von jeder Tonart allezeit insbesondere Beyspiele entwürfe; folglich wieder weiter:

No. 10. ist insgemein pfuscherhaft, weil während den Pausen keine Note anschlägt; der Gesang leidet baben. Ein anders ist es daher bey No. 11. Noch ein anders, wenn Mittelstimmen dem Baße entgegen schlagen und die Pausen ausfüllen; ich will dieses nur mittelst der Secund-Violine zeigen, z. Ex.

Hier bey No. 13. deucht mich der Baß ein wenig zu sehr verstreut zu seyn; vielleicht aber könnte man ihm, wie auch jedem unterbrochnen Baße den Namen eines eigenen Baßgesanges geben. Nur scheinet es, als richte dieser sich nicht allezeit nach dem Gesange, sondern der gute Gesang müsse sich hier und da selbst ein wenig nach ihm richten. Ich kann da nichts als von unendlich verschiedenen Gattungen kurz und kahle Beyspiele geben, wie folget:

J. Riepels Baßschlüssel.

42

Es versteht sich, daß nach dem 3 Takten bey No. 14. der Gesang fortdauret, bis zur Cadenz in G, und da könnte der Baßgesang (ich meyne den wie im ersten und zweyten Takt) wieder in G anfangen, bis der obere Gesang sich zur Tonart A, nämlich zu No. 15. wendete; nun von da an wieder einen andern Gesang bis zu No. 16, oder anstatt dessen, nach Belieben zur Mitteltonart F, oder zu E Terz minor ꝛc.

Vielleicht bin ich verständlicher, wenn ich sage, daß ich ein Andante gehört habe, wo der Baß mit seinem eigenen Gesange zwar mit anfieng, allein er hatte außerdem, immer zu pausieren, bis er bey einer Mitteltonart Gelegenheit fand, wieder einzutreten, und dieses fast bey allen Mittel-Tonarten; denn die Bratsche machte immer inzwischen den Baß, und die Secund-Violine füllte aus. Nur etliche Takte vor den Cadenzen, half er auch außer seinem eigenen Gesange der Bratsche, und sodann auch die Cadenzen entweder piano oder forte mit schließen. Das kann man zwar auch für eine Seltenheit halten.

Bey No. 17. sammt No. 18. ist es kein Anfang, sondern etwa eine Klausel in der Mitte eines ganzen Gesanges. Es wäre keine Kunst, und schiene doch eine Kunst zu seyn, wenn der obere Gesang mit dergleichen Figuren anfienge, und zu diesem Baßgesange No. 17. gleichsam Anlaß gäbe. Z. Er.

Man sehe nämlich hier die Aehnlichkeit der anhebenden Violine mit dem Baßgesange No. 17. ꝛc. Dergleichen artige Sätze sind zwar nicht unbekannt. Man könnte aber auch ohne Baßgesang leben, wenn es keine Fugen gäbe; denn ein jedes Fugenthema ist ein Baßgesang; es muß nämlich der Baß das Thema so wohl als der Diskant, Alt und Tenor auf sich nehmen. Deswegen können die Fugen selten einen Arienmäßigen Gesang mit Vorschlägen und so mehr Zierungsnötchen haben. Jedoch habe ich einstens eine Fuge gehört, da die drey obern Stimmen ein sehr singbares Thema unter sich führten, und der Baß dazwischen sein eigenes Thema oder Contra-Subjectum hatte. Ich habe vorher vergessen, daß der Baßgesang nicht allezeit (wie bey No. 14. No. 15 und No. 16.) zweymal, sondern nach Belieben auch nur einmal stehen dürfte. Im Gegentheil könnte man vielleicht eine noch öftere Wiederholung zum Baßgesange, oder meinethalben zum unterbrochenen Baße zählen, z. Er.

No. 1.

Das wäre etwan innmitten eines Gesangs.

Von den certirenden oder Nachahmungs-Bäßen giebt es ebenfalls viele. Ich will ein Paar hersetzen, um dadurch vielleicht eine oder andre Anmerkung zu erhaschen. Z. Er.

Ich habs errathen, denn No. 4. ist nichts oder wenig werth, der Baß lautet zu einfach zu nackend und abgeschmackt, ob er auch gleich mit der Bratsche im Einklange verstärkt wäre. Man könnte zwar der Bratsche ebenfalls die Terzen zum Baße geben; aber ich verspräche mir bey einer starken Besetzung weit mehr Effekt, wenn beyde Violinen im Einklange stünden, und der Baß sammt der Bratsche für sich auch im Einklange nachahmten. Weiter:

No. 7. taugt abermal nichts; denn die so nahe beysammen stehenden Violinen machen die Certation undeutlich °). Ein anders wäre es mit zwey verschiedenen Instrumenten, z. Er. mit einer Violine und Hoboe, oder Flöte, u. s. m. Einigen sind dergleichen Certationen schon zu allgemein **), sie verknüpfen zweyerlei Klauseln ohne Nachahmung, wie ungefähr. Z. Er.

*) Ich habe diese Unbesonnenheit schon vorlängst in meinen eignen Sätzen entdeckt.

**) Das mahnet mich an die Zeichenmeister und ihre Kunstgenossen, die bereits von geraumer Zeit die Verzierungen (vermuthlich um einer ungezwungenen Mannigfaltigkeit willen) mit Laub und Muschelwerk unregelmäßig vorstellen.

Ich habe kurz vorher vergessen zu sagen, daß der Baß, wenn er eine Nachahmung hat, in der Tiefe viel zu dunkel und kraftlos lautet; wie höher er hingegen natürlicher Weise zu stehen kommen kann, desto besser. Und das beste ist, daß einem jeden hierin und überhaupt das Gehör hilft und helfen muß; denn wer getraute sich zu folgenden Läufen gegen den Baß ein genaues Zeitmaaß vorzuschreiben? Z. Er.

Auch diese beyden, No. 5 und No. 6. habe ich schon gehört.

Man kann hier weiter nichts sagen, als daß dergleichen Läufe nur mit Allegro molto oder Presto anzuhören sind, da nämlich die unharmonierenden Noten in der Mitte so augenblicklich durchwischen, daß man von einem ganzen Lauf nur die erste und letzte ausscheidet. Die bey No. 7 und No. 8. unterscheiden sich in dem, daß sie auch ein langsames Zeitmaaß leiden, weil ihre wesentlichen Mittelnoten harmonisch sind; bey No. 1, No. 2, No. 3 und No. 4. müßte aber der Baß einem Largo oder Adagio zufolge, für die Harmonie sich ganz anders verhalten. Ich will nur diese letzten zwey zeigen, z. Er.

Bey tausend ähnlich und unähnlichen Läufen kann und muß also, wie gesaget, das Ohr entscheiden. Es ist nur Schade, daß sich diese Entscheidung nicht einschränken läßt; denn der Geschmack hat keine richtigen Gränzen. Einem sichern Tonkünstler gefällt folgendes Duetto von einem in Italien berühmten Meister sehr wohl, mir hingegen ganz und gar nicht. Z. Er.

Er

45

Er meynt, der Verfasser habe durch den Mißklang bey (P) das delirar (Fantasieren) ausdrücken wollen; und die letzten zwey Wörtlein mi fà kämen auch, wenigstens im ersten Diskant, mit der ächten Solmisation überein. Ich glaube aber, daß der Verfasser weder an diesen noch an jenen Ausdruck gedacht hat; denn einem Zuhörer ist nicht damit gedient. Und hieße der Text auch: Oimè! che duro andar! so wäre mir dieser Gang doch zu widerwärtig.*)

Das Fantasieren könnte ja durch hunderterley andre Figuren ausgedrückt werden. Sogar nur ein Satz wie bey (Q) wäre mir lieber. Es versteht sich, daß hier zum Basse ein anders Instrument die Terzen haben könnte. Von einem andern Meister waren mir folgende Seltenheiten, als ich sie das erstemal hörte, nur zu fremd. Z. Er.

Bey No. 1. war es eine Clausel. Von No. 2. muß ich erzählen, daß ein italienischer Meister sich in seiner Jugend, dem Verlaut nach, die Contrapunktregeln sehr wohl bekannt machte, und nachher in der Mathematik auch noch mehr und feinere Regeln zu finden dachte; da er ab er etliche Jahre hindurch vergeblich suchte, warf er das Monochord u. s. m. ins Feuer, und befließ sich aus allen Kräften den Gesang und die noch mehr Veränderungen ausgesetzte Begleitung allmählich kennen zu lernen. Vor ungefehr 12 Jahren hörte ich von seiner Feder ein Duetto, a Tenore e Soprano, das allgemeinen Beyfall erhielt. Man stelle sich als eine nur kleine Gleichniß No. 2. vor, wo, wie in der obersten Noten- oder Linienreihe zu sehen, die Flöten oktavenweise sogar mit dem Basse und der Bratsche gehen**); und in der andern Linienreihe fangen die Violinen (dießmal eben auch oktavenweise) den Hauptgesang an. Ich habe zwar seit derselben Zeit von andern Meistern noch freyere, und wenigstens mir ganz unbekannte Seltenheiten gesehen; ich getraue mir aber nicht, sie zu zeigen***). Ich will lieber einen besondern Baß betrachten, z. Er.

Viel Anfänger glauben, die Bindungen gehörten nur zu Fugen und dergleichen Sätzen mehr, da sie doch mit ungebundnen Noten in den obern Stimmen allenthalben trefflich zu brauchen sind; sogar auch im Basse sind sie in ungebundner Art nicht zu verkennen. Ich will, und kann es aber hier über No. 1. nur ein wenig weisen. Es wird ohne Ausfüllung hart lauten; hingegen desto fremder, wer davon Liebhaber ist, z. Er.

*) Die Exclamation Ah! (Ach!) deucht mir bey (P) auch zu kurz abzuschnappen, des gemäßigten Zeitmaaßes ohngeachtet.

**) Der Verfasser hat vermuthlich auch an die schönen Oktaven-Register in Orgeln gedacht. Die Hoboen würden aber da viel zu spitzig lauten.

***) Feindselige Tadler könnten auch bald aussprengen, ich gäbe zu Neuerungen Anlaß. — Ruchlosen Spöttern können zwar Meister selbst nicht ausweichen; denn man sieht auch sogar grundfalsche Recensionen über den unvergleichlichen Tod Jesu von Graun.

J. Riepels Baßschlüssel.   M

46

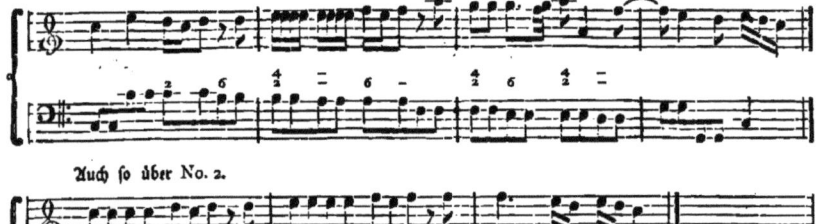

Auch so über No. 2.

Die harmonische Ausfüllung kann sich jeder leicht dabey vorstellen. Ein Tonsetzer kann leicht harmonische Schnitzer machen, der in den obern Stimmen die Bindungen von den anticipirten oder vorgreifenden Noten nicht zu unterscheiden weiß. Diese mit dem Basse haben mir in vollstimmigen Sätzen nie gefallen; es kömmt damit öfters auf ein erzwungenes Flickwerk an.

Ich will beyde nur zweystimmig aus dem Traktat von Fux hersetzen, z. Er.

Bey No. 2. hat der Diskant vorgreifende Noten über No. 1. und so auch bey No. 4. über No. 3. Und diese, gelegentlich und sparsam gebraucht, helfen einem bewanderten Sänger oder Spieler den Gesang wirklich zieren; aber die Anticipation des Basses bey No. 5. sehr wenig. Folgender Baß ist hingegen natürlicher, ja so natürlich, daß ich, so oft ich deren höre, mich zwingen muß ernsthaft zu seyn, z. Er.

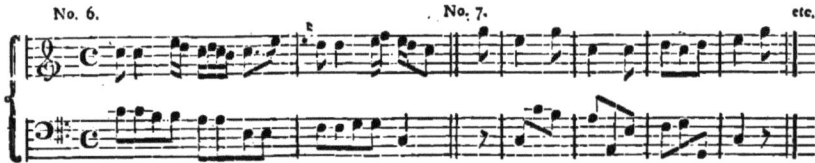

Denn es erzählte mir vor einigen Jahren ein Schulsuccentor, daß es in seiner Heimath auf dem Lande mehr als einen gebornen Dichter gebe *), die, als extemporanei, flugs die artigsten Lieder machten. Aber eines davon, das er bey einem Soff in der Bierschenke singen hörte, lautet zu ruchlos und lügenhaft. Z. Er.

*) Es heißt zwar wohl: Poeta nascitur; diese Sage ist aber so mangelhaft als gescheut seyn sey gemeiniglich besser als Studiert seyn.

47

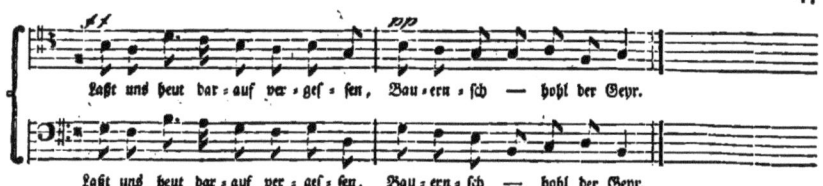

Laßt uns heut dar-auf ver-ges-sen, Bau-ern-sch — hohl der Geyr.

Laßt uns heut dar-auf ver-ges-sen, Bau-ern-sch — hohl der Geyr.

Der Schultheiß des Orts legte ihnen aber deswegen eine so grausame Strafe auf, daß ihre poetischen Adern seitdem ganz vertrocknet sind.

Der Baß aber ist hier just, wie der in der Tonart C bey No. 6. Wunderlich! wann mancher Liebhaber den neu- und fremdesten Gesang mit diesem Basse anfangen höret, so spricht er gleich: das Stück ist mir schon bekannt, dieses Urtheil fällt hingegen weg, wann der nämliche Baß im mitten eines ununterbrochenen Gesangs vorkömmt; folglich ist er nur zum Anfange zu alltäglich. Zu vermeiden wäre er allezeit leicht, z. Er. über No. 6.

Folgenden Baß hassen einige Componisten als einen Auswurf von allen Bäßen, da ihn doch andere zu schwärmenden u. s. m. Sätzen unterweilen gar wohl brauchen:

Das allererste Stückchen, so ich auf dem Klavier lernte, war eben mit diesem Basse *). Der No. 2. kam mir damals schöner und leichter vor als der No. 1. Die Wörter schöner und leichter erinnern mich an Bässe, die einstens in einem vollstimmigen Kammerstücke vorkamen, wobey Allegro angemerkt war. 3. Er.

Die Decimensprünge, wie bey No. 3. sind für die Violine ziemlich leicht, hingegen für den großen Baß schwer, gaukelhaft und unziemlich. Aber noch weit schwerer sind sie herab, wie bey No. 4. und zwar für die meisten Instrumente. No. 5. wäre vielleicht in einer andern Tonart für Baß und Violoncell nicht so unbequem. Durch diese erzkurzen Beyspiele will ich nur die Meynung bewährter Meister erklärt haben, daß ein Componist, er mag übrigens noch so geschickt seyn, kaum für mittelmäßig zu halten sey, wenn er die Natur der Instrumente nicht kennt und nicht alles auf das bequemste zu setzen weiß.

Die Italiener haben daher auch lange Zeit hindurch den Violoncellen manchmal starke Figuren mit darunter gegeben, die Contrabäße hingegen nur untenher die Hauptnoten anschlagen lassen, wie ungefähr z. Er.

M 2 (V)

---

*) Mit dem Vornamen Murki, welcher Name, wie Einige wollen, von den Aethiopiern herkömmt. Was brauchen wir aber Afrika dazu, es giebt ja auch in unserm Europa Zittern (citharoe) auf welchem Instrument nehmlich dieser Baß sehr gewöhnlich ist. Einige schreiben anstatt Murki, sogar Morchia, da doch dieses Wort im Italienischen nichts anders heißt als (foeces olei) Oelhefen. Insbesondere ist mir nur bekannt, daß dieser Zittern- oder Murkibaß die polnischen Tänze ungemein erhebt.

48

Ich habe so einen Doppelbaß erst kürzlich noch in einer Arie von *Jommelli* gesehen. Einige glauben, es sey geschehen, oder geschehe noch, um eines besondern Effekts willen; andre behaupten, es würden dadurch die Contrabäße geschont, die in Italien meistens nur drey Saiten haben.

In viel Orten Deutschlands, wo sie fünfsaitig sind, spielen die Contrabassisten auch im Tenorschlüssel alle Noten mit, und ich habe deren einen gekannt, der in schweren und hohen Baßläufen manchen Violoncellisten zurückgelassen hat *). Ich sagte: in schweren und hohen Baßläufen; den Alten aber war das obere d schon zu jung, sie hielten es nicht für Baß- sondern für Tenormäßig. Das wird auch insgemein heute noch beobachtet; allein insbesondere sucht der Baß immer aufwärts zu klettern, und er holt manchmal (wie hiervor im ersten Beyspiele bey (V) zu sehen) gar eine und andere Note e herab, es mögen nun auch Cadenzen, oder die Tonarten C oder A selbst dazu Anlaß geben **). Man hört oft gute hohe Seltenheiten; ich will eine nur mittelst des Generalbasses zeigen, z. Er.

Es ist der Schluß einer übrigens ordentlichen Fuge, mit tempo alla breve. Die Fuge wird vom Anfange an immer lebhafter, und am allerlebhaftesten dieser Schluß, als eine außerordentliche Zugabe.

Es hilft freylich auch zur Lebhaftigkeit, wenn die Sänger just keine Wörter auszusprechen haben, sondern über einen guten Vokalen die volle Brustsimme herauslassen können.

Auch hörte ich unlängst einen hohen Baß in einem Allegro einer Symphonie, z. Er.

Die Gänge so hübsch stuffenweise sind eben nicht schwer. Zugleich mit Contrabäßen klingen sie recht metallisch, hingegen bloß mit Violoncellen hölzern und kraftlos. Ich erinnere mich, auch einen fast ähnlichen Gang gar bis ins g gehört zu haben. Inzwischen bleiben sie doch Seltenheiten. Ein Grübler könnte sie vielleicht junge Bäße heißen; allein von diesen will ich meine Meynung in Kürze zeigen, z. Er.

Ich

*) Ich habe nur erst anzumerken vergessen, daß mancher Satz Zuhörern zehnmal schwerer zu seyn deucht als er ist; welche Kunst geübte Meister besitzen.

**) Hier wäre vielleicht auch die alte Sage zu erklären, daß nehmlich zu lebhaften Gesängen der Baß überhaupt immer hübsch aufwärts, hingegen zu betrübt und traurigen abwärts steigen soll. Ich habe zwar bey Meistern auch Ausnahmen angetroffen.

Ich hörte dieses Solo in einer Messe vor langen Jahren, von einem berühmten Meister. Die Primviolinе, so wie die hier in der Mitte, füllte aus, und die Secundviolinе (mit ihrem eigenen Schlüssel) gieng im Einklange mit dem Orgelbaß, welcher, ich weiß nicht mehr, eben so mit dem Diskant- oder Altschlüssel geschrieben war. Es war für mich so zwischen der vollstimmigen Pracht der vorhergehend- und nachfolgenden Sätze eine recht rührende Ueberraschung. Ein Kritler kann meines Erachtens sich ebenfalls damit befriedigen; denn die unschuldige und zarte Diskantstimme darf manchmal ja wohl auch eine zarte Begleitung haben. Jedoch muß bey so zarten Bäßen der lieben alten Harmonie nicht Gewalt geschehen, wie z. Er.

Die obere Stimme mag demnach ein Violin- Hoboe- oder Flöten- Solo seyn. No. 1. muß auch einem Anfänger, der noch um gar keine Regel weiß, abgeschmackt vorkommen *); denn da die Secundviolinе den Baß macht, so soll die Prim- oder mittlere Ausfüllungs-Violine nicht tiefer zu stehen kommen; sonst ist die Harmonie widersinnig, so wie da im letzten halben Takt zu sehen. Daher ist No. 2. ächt und gut; wie auch No. 3. wenn es ein tiefes Baß-Instrument ist. Nur das Violoncell ohne Contrabaß lautet im obern d scharf und ein wenig zu jung. Ich sage ein wenig zu jung, denn viel zu jung halte ich sichere Bäße, obgleich der Contrabaß mitmacht, z. Er.

No. 1. ist gut, und wäre so nur zweystimmig nachdrücklicher, wenn ich den Baß eine Oktave höher gesetzt hätte. No. 2. ist hingegen ganz verkehrt; es macht die Violine den Baß, und der Baß den Violingesang; oder er gleichet nur einer Mittelstimme **).

Ich habe eine Weile vorher bey der Baßbindung No. 2. eine Nota bene gemacht, und die Ursache zu sagen vergessen; ich will also selbe Bindung noch einmal hersetzen!

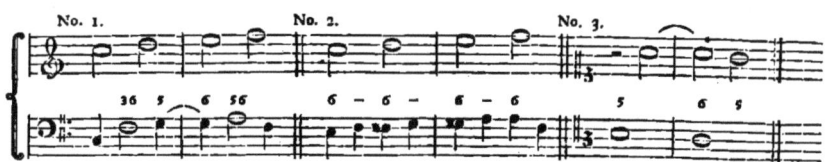

Es wird also die Sert in die Quinte gelöset; daher könnte es heißen, es wäre hier eine Folge von zwo Quinten; allein die Sert schlägt dergestalt wesentlich an, daß die darauf folgende Note des Basses zur Quinte vielmehr nur als durchgehend zu vernehmen ist; zudem so ist jede Baßnote, worüber hier die Sert zu stehen kommt, eine Mittelbaß- anstatt einer Grundbaßnote, so wie auch bey No. 2; folglich gilt hier das Wort Retardatio

---

*) Ob es gleich Zirklern, die die Quarte für eine angenehme Consonanz halten, ein Leckerbissen mag seyn.

**) Ich habe deren zwar in einer Klavier-Sonate gehört, die nicht widrig lauteten. Es mag also damit auf eine schickliche Ueberlegung ankommen, um die leichtfertige Benennung hysteron proteron zu vermeiden.

J. Riepels Baßschlüssel.

datio weniger als bey No. 3. als welchen Satz Fux im Tractat doch auch zuläßt; man sehe sein 6tes Beyspiel der dreystimmigen Bindung. Das gehörte eines Theils zum Contrapunkt, ich will mich wieder näher zum Basse halten, z. Er.

Dieser Baß ist, wie bekannt, nur eine Aufmunterung über §. 24. Er ist mittelst harmonischer Ausfüllung sehr brauchbar, und das auch sonderbar außer dem Anfange eines Gesanges, welches ich jetzt gleich nach dem ersten folgenden Beyspiele, nicht zwar im Hauptone, sondern in der Quinte der Tonart zu wiederholen gedenke:

Das sind nun freylich wieder Grundbaßnoten; allein es kann sich hundertmal fügen, daß sie viel zu kriegerisch lauten*), und sonst heißt es ja auch, man soll den Baß, so lang es möglich, auf einem Intervall sitzen, gehen oder laufen lassen, folglich wie gemeldet, z. Er.

Anfängern scheinet dieser Baß freylich kühn, und wohl gar unrichtig zu seyn; man sagt ihnen aber, daß der bey No. 5. dem Gesange gar zu knechtisch und schwerfällig folge, dieser bey No. 6. hingegen herrisch und fließender sey, und wo auch die Mittelstimmen die Stelle der Grundbaßnoten im zweyten und vierten Takt geziemend vertreten können. Manche Meister bleiben manchmal noch viel länger auf einem Intervall. Einige Anfänger fühlen und sehen es in Arien und Concerten, und sie pflegen nachzuahmen, aber sie nehmen den endlichen Austritt des Basses nicht in Acht, z. Er.

Die

*) Sie werden von Einigen Pauken-Bässe genannt.

Die Baßnote g im sechsten Takt ist dann falsch und erzpfuscherhaft *), hingegen war c bey No. 5 und No. 6. richtig; und eben so gut wäre der Austritt zu vermittelnden Noten. Ich will, um es zu zeigen, nur von dem fünften Takt anfangen, z. Er.

Ich muß von den besagten Anfängern noch etwas melden, z. Er.

Sie kennen nehmlich nur den Baß bey No. 1. und getrauen sich nicht wie bey No. 2. zu setzen. Es ist zwar der Baß bey No. 1. gelegenheitlich ebenfalls gut. Item bey No. 3. fangen dieselben Herren den zweyten Takt mit der nehmlichen Note wieder an, mit welcher sie den ersten Takt geendiget haben, da doch dieser erste Takt No. 3. dem Gehör eine fortdauernde Bewegung abwechselnder Intervalle anzeiget, mit welcher Abwechselung der Baß folgsam bey No. 4. viel freymüthiger lautet. Ein anders ist es, wenn einer mit allem Fleis zwo Noten auf einem Intervall nacheinander haben will, wovon es unzählich ähnliche Fälle giebt, es werde dadurch entweder ein Baßgesang gesucht, oder es geschehe einer Clausel zu Gefallen, z. Er.

No. 5. ist also dem guten Willen gemäß. Bey No. 7. stellt der Anfang des Gesangs im zweyten Takt, so wie auch No. 1. 2. 3. und hier No. 6. im zweyten Takt vielmehr einen gedehnten Vorschlag vor, folglich kann es

*) Aber, um Verzeihung! nur dermal; denn bey alten Contrapunktisten war dieser Austritt eine fast gewöhnliche Zierlichkeit; folglich wäre er heut in der Noth als eine Seltenheit vielleicht doch noch mitzunehmen. NB. Auch der Gesang fodert natürliche Austritte; wovon anderwärts.

es heißen, es seyen nur No. 7 und No. 2. regelmäßig; allein die Vorschläge werden sehr oft als wesentliche Noten geschrieben und behandelt, um so weniger kann man dem Baßgesange seine sonderlichen Freyheiten absprechen. Hingegen erlaubt der Baß auch dem Gesange Freyheiten, nehmlich durchgehende, verwechselte und ausschweifende Noten. Zu diesen letzten können auch folgende gezählt werden, z. Er.

No. 1. bey (1) ist das f✗ gegen das pure f des Basses eine erhöhte. hingegen No. 2. bey (i) eine gestutzte Oktave. Blöde Tonsetzer sträuben sich wider diese Afteroktaven, es sind aber hier nur zufällige Nötchen, die gar nichts widriges fühlen lassen, sonderbar mit tempo allegro, und sonderbar auf dem Klavier. Auch vertauscht der Baß manchmal so gar eine Note mit dem Gesange, z. Er.

Man sehe No. 4. vor No. 3. an, so hat man die Vertauschung klar vor Augen. Dergleichen Vertausch- und Auflösungen sind in vollen contrapunktischen Sätzen zwischen allen übrigen Stimmen ebenfalls bekannt. Auch ist mir der Gesang mit dem Basse bey No. 6. anstatt des bey No. 5. nicht unbekannt. Ich würde sie nicht zeigen, wenn ich sie nicht in meisterlichen Sätzen angetroffen hätte. Auf mehr ähnliche Freyheiten kann ich mich jetzt nicht besinnen. Außer der Vertauschung ist es fast gemein, daß der Baß bey Bindungen während der Auflösung von seinem Intervall abweichen und weiter schreiten kann. Ich habe im vierten Kapitel die Auflösung der Quarte in die Terz gezeigt, nun will ich geschwinde noch von der Auflösung der Septime in die Sext ein Gleichniß geben, wie nehmlich der Baß abweichen kann, z. Er.

Diese

Die drey letzten Exempel wenigstens im freyen Styl.

Just fällt mir eine andere bekannte Kleinigkeit bey.

Es giebt einfache Gesänge, die anstatt der Ausfüllung selbst harmonische Noten von Mittelstimmen gleichsam rauben; wobey sich denn ein Tonsetzer die Ausfüllung eben vorstellen muß, um einen schicklichen Baß ohne Nachdenken hinzu schreiben, .z. Er.

Diese sind nehmlich mit den folgenden Beyspielen ein Herz und ein Sinn.

In zahlreich ähnlichen Fällen mag sich ein Anfänger selbst rathen; er hat jetzt doch vom Basse überhaupt einen kleinen Begriff um in meisterlichen Werken sich leichter zu ersehen.

Soll ich nun endigen? Nein, ich muß noch ein wenig schwatzen. Eben erinnere ich mich, daß einige Komponisten zu jedem Basse obenher Basso continuo schreiben; dieses Beywort continuo gilt aber nur, wenn insbesondere noch ein Baß blos zur Verstärkung des Tutti oder forte geschrieben wird, der dann Basso ripieno, oder Basso di rinforzo, d. i. Anfüllungs- oder Verstärkungs Baß heißt. Auch bey vollstimmigen Singesätzen findet continuo mit Platz, es kann nehmlich die Singbaßstimme platte oder langaushaltende Noten haben, die der continuirliche Baß variert; so gar auch, wenn mittelst des Diskant, Alt und Tenors ein nur dreystimmiger Gesang dazwischen kommt, kann ihn Bassus continuus manchmal nach seiner besondern Art begleiten.

In Kirchenstücken gebe ich der Orgel auch nur einfache Noten, und manchmal um einer Schattierung willen, wohl gar eine kleine Pause; den Contrabaß oder Violon lasse ich hingegen mit den übrigen Stimmen lebhaft fort arbeiten. NB. Da heut zu Tage alles immer mit Instrumenten angefüllt wird, so sollte ein Organist währender Solo-Singstimme die rechte Hand lieber ruhen lassen. Ich setze aber da doch die gehörigen Ziffern drüber; denn sieht mancher Organist deren nicht, so nimmt er eigenmächtig ganz falsche, weil er nicht die Stimme, viel weniger die Worte des Sängers, sondern nur sich selbst hören will. Kurz, ich habe aus vielfältiger Erfahrung, daß die Orgel nicht selten das Verderben eines Ganzen ist. Es giebt freylich Ausnahmen. Ich will mich auch einigen Systematikern ein wenig nahen. Es ist bekannt, daß der holde Gesang harmonisch ist und harmonisch seyn muß *), so wie wir vom §. 1. an durch alle Gesangleitern gesehen haben. Folgender Gesang wäre nun nicht harmonisch, z. Er.

§. 37.

*) Einige vergleichen den Gesang mit dem Gestirne und den Baß mit der Erdkugel. Ich weiß nicht, wozu dieses grausam hinkende Gleichniß dienen soll, auch nicht, wozu folgende Frage: Ich bin nehmlich öfters vergeblich gefragt worden, ob der Gesang aus der Harmonie, oder diese aus jenem entsprungen sey. Hörte ein unsriger Tonkünstler wilde Indianer singen, denen contrapunktische Sätze vermuthlich noch unbekannt sind, so könnte er in ihren Liedern vielleicht doch harmonische Gänge und Wendungen wahrnehmen, denn mir deucht, der Schöpfer habe dem Menschen mehr Harmonie eingepflanzt

J. Riepels Baßschlüssel. O

Von biesen Abscheulichkeiten sind aber die heut bekannten Dissonanz-Bindungen, Dissonanz-Vorschläge, die verwechselten und ausschweifenden Noten und verschiedene Variationen zu unterscheiden; denn diese werden mit gutem Vorbedacht gesetzt, und helfen den Gesang verschönern *). Den harmonischen Gesang kann ich auch nur in Kürze über die zwo vollstimmigen auf- und absteigenden Generalbaß-Leiter halbwege zeigen, z. Er.

Ich bin schon lange von einigen Kritikern gefragt worden, warum ich über den Noten, die ich hier durch (†) und (V) bemerkte, die Quarte neben der Sext und Terz nicht leiden kann, sondern lieber die Terz oder Oktave verdopple? Ich weiß wohl, diese Herren gründen ihren Sextmajoraccord (zugleich mit der Quarte) auf die Versetzung der Septime, da nehmlich 4 Intervallen eine vierfache Ordnung haben können, z. Er. G, h, d, f. H, d, f, g. D, f, g, h. F, g, h, d. Ich zeige sie mit Noten.

Ich will auch nun einen harmonischen Gesang in möglicher Kürze darüber zeigen, z. Er.

Wenn pflanzet als einer Drahtseite, sonst könnten wir nicht einmal den Dreyklang auf dem Monochord vernehmen, unterscheiden und beurtheilen. So sind auch die Klänge nur gegen den Baß, und ein Klang gegen den andern, als Consonantzen oder Dissonanzen trennbar, folglich scheinet die volle Harmonie beynahe der Urstoff zu seyn. Mir ist zwar nichts daran gelegen.

*) Diese, und alle kleine Zierungsnötchen scheinen sich zwar um den Baß so wenig zu bekümmern als wenig ihnen der Baß, sein Daseyn zu danken hat.

Wenn denn die Versetzung §. 40. ein lobenswürdiges System ist, so müssen dabey alle Intervallen ohne Ausnahme wohl klingen. Im freyen Styl werden No. 1 und No. 4. oft gutwillig gehört, und von No. 2. ist ganz und gar kein Zweifel; aber der Satz bey No. 3. ist meinen Ohren verhaßt. Indem die Quarte dabey einen G Accord stark fühlen läßt, so dünkt mir da der Baß nur einer ausfüllenden Mittelstimme zu gleichen *). Ich will, um es augenfällig zu machen, dieselben Noten der Bratsche oder der Sekundvioline geben, z. Er.

No. 3. ist hier durch No. 5. verbessert. Im §. 39. ist der Gesang bey (v) rein harmonisch, weil ich dort keine Quarte dabey habe; hingegen hier bey No. 7. lautet der Anfangsaccord selbst (der Ausfüllung ungeachtet) sehr widerwärtig; der Satz bey No. 6. ist aber richtig und gut.

Es heißt, dieser $\frac{6}{4}_3$ = Accord sey gut; weil er fremde lautet. Es lauten aber auch alle unharmonische Gesänge und Accorde fremde. Inzwischen habe ich bey den Generalbaßleitern bekennet, daß dieser Accord bereits überhand genommen. habe, nur daß man in meisterlichen Sätzen die Quarte nicht leicht oben, sondern in der Mitte (gleichsam verdeckt) stehen sieht. Im Durchgange kann sie zwar eben so gut in einer obern Stimme vorkommen als eine andre Dissonanz, z. Er. eine Septime oder Sekunde. Ich will einen kurzen Durchgang zeigen, den ich erst kürzlich in der Mitte eines Allegro einer Symphonie gehört habe, z. Er.

*) Sprechen Einige, die Quarte soll da nicht frey. sondern erst etwann nach einer Terz eintreten, so zeigt dieses eben einen Zwang zum Flicken an.

Der motus obliquus hilft freylich, da nehmlich hier die erste Violine von dem sechsten Takt an immer auf einem Tone bleibt, so wie der Baß vom ersten Takt an in C. Der Baß kann zwar auf diese Weise mehr Dissonanzen vertragen als eine obere Stimme. Kurz, ich getraue mir weder den strengen noch den gelinden Herren Componisten zu nahe zu treten.

Ich habe bisher nur zeigen wollen, daß die systematischen Versetzungen nicht so gleichgültig anzusehen sind. Von der verminderten Terz und ihrer Versetzung der übermäßigen Sext habe ich meines Erinnerns oben schon erwehnet. Die Quarte mahnet mich an einen Herrn Mathematiker, der vor einer Zeit bey einem Concert diejenigen für unwissend erklärte, die dieses Intervall eine Dissonanz heißen, maaßen er vermittelst Zahlen aus Büchern das Gegentheil darzuthun versicherte. Wenn Anfänger durch dergleichen Schriften und Reden nicht verwirrt und zaghaft würden, so wäre es nicht der Mühe werth etwas davon zu melden, so aber halte ich es aus vielfältiger Erfahrung für dienlam. Ich muß zu dem Ende den mathematischen Spruch wiederholen: Quo majores termini cuiusdam proportionis quoque remotiores sunt ab unitate, suo principio, eo imperfectiora erunt intervalla inde exorta. Folglich: Wie kleiner die Zahlen, wenn man sie zusammen addirt, desto vollkommener sind (kraft dieses Ausspruches) die Intervalle gegen einander, z. Ex. Der Einklang bestehet in 1 — 1. sage, in 1 gegen 1. Die Octave in 2 — 1. Die Quinte in 3 — 2. Die Quarte in 4 — 3. Die Terz in 5 — 4; oder 6 — 5. Die Sext in 5 — 3; oder 8 — 5. Hieraus erhellet, daß die sonst längst verbotne Folge der Quinten und Octaven erlaubt, und daß die Quarte keine Dissonanz, sondern eine vollkommenere Consonanz sey als die Terz und Sext, weil dieser beyden ihre Ziffern oder Zahlen größer und folglich weiter von der Einheit entfernet sind, als der Quarte ihre 4 — 3, die mittelst der Addition nur 7 ausmachen*). Ich will diese unschuldige Meynung aus Kurzweil ein wenig für eine Grundlehre halten, und mich darnach richten, z. Ex.

§. 42.

Selbst einige Praktiker lassen sich täuschen zu behaupten, die Quarte sey doch eine Consonanz beym Sextquartenaccord.

Solchergestalt wäre der cadenzirte Satz bey No. 2. so gut als der bey No. 1. Es ist aber grundfalsch; denn der Sextquartenaccord muß insgemein in den vollkommenen, sage, in den Quintterzenaccord aufgelöset werden, und sollen die Ohren oft noch so lange darauf warten. Von erlaubten Dissonanzen im Durchgange ist hievon schon gemeldet worden. Die Quarte in der obern Stimme gegen dem Baß, wie bey No. 3. zu sehen, lautet noch gräßlicher, es hilft da weder systematische Versetzung noch Zahl oder Ziffer; nein, nur gar zu fremd!

Noch andre sagen: Wenn man zu einer Grundnote die Quinte und Octave setzt (wie z. Ex. bey No. 4.) so sey der Accord consonirend und gut; nun ist da (könnte es heißen), von der Octave bis zur Quinte herab eine Quarte, die folglich eine Consonanz seyn und genennet werden muß**). Das könnte ich über No. 4. wenigstens eher eingestehen als über No. 5. vermittelst der doppelten Octave. Allein ein paar Worte eben von No. 4. Es wird ja hier nicht von oben herab, sondern von der Grundnote hinauf gezählet; daher zähle ich von der Grundnote an nur die Quinte c; denn oben die Octave ist nur eine Verstärkung der Grundnote, so, daß beyde (wie eine einfache und reingestimmte Octave in Orgeln) allgemein nur einen Klang hören lassen. Ich glaube fest, daß auch auf der Drahtsaite des Monochords eine Octave mitklingt um die Grundnote zu verstärken; denn man lege eine Violine auf den Tisch, und einen halben Zoll lang, Messerrücken breit und ein wenig krum gebogenes Postpapierchen auf die leere Saite a, und streiche dabey auf einer andern Violine, die Grundnote a auf der

---

*) Hier kommen diese Herren alle überein; als Musikliebhaber sind sie aber auch natürlicher Weise unterschieden: Einer hört gerne ein *Allegro* der andere ein *Adagio* einer Fugen, der andere Arien u. s. w.

**) Ich will ihnen noch eine Probe entdecken, um sie in ihrer Meynung zu bestärken: Man streiche auf der E-Saite der Violine die Note f, und auf der A-Saite c stark zusammen, so wird man vermittelst dieser Quarte unten die Octave f hören, als eine Quinte zu c.

57

der G-Saite scharf an, so wird das Papierchen sich so lebhaft bewegen als wenn es der Einklang selbst wäre*). Wir wollen aber die Quarte auch gleichsam als Mittelstimme betrachten, z. Er.

No. 6. ist nichts werth, weil die Secund=Violine gar zu weit von dem Basse entfernt ist, und wegen welcher Entfernung die zwo Violinen eben eine abgeschmackte Folge von zu spitzig auffallenden Quarten hören lassen. Bey No. 7. wäre der Contrabaß ohne Violoncell und Bratsche gleichfalls noch zu tief. Hingegen bey No. 8. hat die Secund=Violine mit der Bratsche wirkliche Terzen, und keine entfernte Decimen. Auch bey No. 9. füllt die Bratsche terzenweise aus, und es wird bey diesen zwey letzten guten Beyspielen an keine Quarte gedacht, es muß auch keine gefühlt und genennet werden; denn ich habe schon gemeldet, daß die Ausfüllungs= Stimmen (außer der Gesangleiter und einigen contrapunktischen Untersuchungen) ihre Benennungen von dem Fundament, und nicht vom obern Gesange haben. Ich habe diese Sextengänge No. 6, 7, 8, 9. nicht unbemerkt lassen wollen, weil die meisten Anfänger, den Effekt dabey leicht verfehlen.

Ueber No. 2. hätte ich wohl melden können, daß ich einst in einer Simphonie, folgende Cadenz formirte:

Es ist nicht die erste hier bey No. 10. sondern die zweyte bey No. 11. Genug, man war bey der Aufführung damit zufrieden. Nur ein einziger Kenner wollte das Wort Cadenz dabey für zu gut halten; ich berief mich aber auf die Phrygier, die ebenfalls keine heut gewöhnliche Cadenz setzten. Obwohl der Unterschied zwischen dieser No. 11. und der bey No. 2. sehr merkbar ist, so war es damals von mir doch nur eine poßierliche Ausschweifung**). Nun wieder auf das vorige zu kommen. Man dörfte Anfängern auch wohl rathen, daß sie den Unterschied der Ertönungen nicht für ganz gleichgültig halten möchten, z. Er.

Obschon hier bey No. 1. die Saiten der Violine und des Violoncells bey dieser Lage der Doppelaccorde eigentlich von gleicher Tiefe sind, so scheinet doch als wären die Klänge des Violoncells viel schärfer und höher. Die Ursache mag sein, weil dieses Instrument einen ungleich längern Saitenzug hat und in Betrachtung dessen die höhern Saiten mehr angespannet sind, als die tiefen auf der Violine, so daß die Ohren dadurch wirklich betrogen

*) Das Papierlein bewegt sich und fällt zwar auch über die leere G-Saite hinab, wenn man daneben, mit einer andern Violine die Oktave, nehmlich das G auf der D-Saite streicht.

**) Aber zwo fast ähnliche Cadenzen habe ich auch in meisterlichen Arien gesehen.

J. Riepels Baßschlüssel. P

trogen werden. Der Baß bey No. 2. ist hingegen zu tief, die Violine wird damit nicht genug unterstützt und erhoben. Aber die Bratsche würde mit dieser Tiefe, den Ohren die natürliche Gleichheit der Klänge verschaffen. Man versuche es, es kostet ja nichts.

Wenn meinem Gehöre zu trauen ist, so hat diese Anmerkung im Setzen immer ihren Nutzen.

Ich erinnere mich, daß einst ein Tonkünstler klagte, es verursachte ihm die Begleitung zu einem Tenor-Solo, und auch zu einem Alt-Solo immer besondre Aufmerksamkeit. Die Ursache kann einstheils gezeigt werden, z. Er.

No. 2. ist bekanntermaaßen der Einklang zum Diskant bey No. 4. folglich ist der Tenor No. 1. die Oktave dazu, und folglich muß No. 3. zum Tenor No. 1. der Einklang seyn.

Man lasse aber einen Tenoristen No. 1. singen, und einen Violinisten No. 3. dazu streichen, so wird zwischen beyden vielmehr eine Oktave als der Einklang zu vernehmen seyn. Daher kommt vermuthlich, daß man in einigen meisterlichen Tenor-Arien, die erste Violine, ganz platt, und gleichsam nur Bratschenartig, oder mit ganz fremden Zierungsfiguren begleiten sieht. Allein von der Mitte an, gegen das Ende hin hört man bisweilen doch auch eine Clausel in der Höhe, so wie No. 2. mit No. 1. Und das scheinet mir, wenn ich ein wenig nachdenke, eine natürliche Freyheit zu seyn. Nun wie es dießfalls mit dem Tenor beschaffen ist, so verhält es sich auch mit der Alt-Stimme, gleichnißweise zwischen No. 5. No. 6 No. 7. Wunderlich! eine Diskant-Clausel lautet freundlich, es mögen die Violinen gleich in der Höhe oder in der Tiefe mitgehen, z. Er.

Die tiefe Begleitung bey No. 9. und die hohe bey No. 10. kommen zwar sehr sparsam vor.

Noch wunderbarer ist es mit einem Baß-Solo. Ich will nur etliche Noten sammt der Primviolinie, ebenfalls ohne Text, ohne Begleitungsbaß, Secundviolinie und Bratsche hersetzen, z. Er.

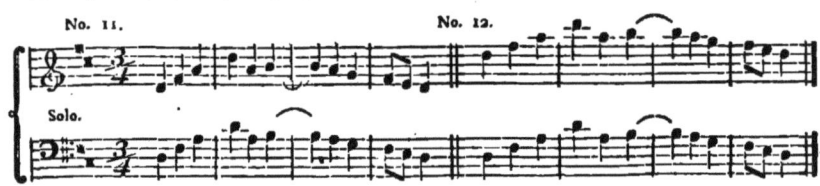

Es ist die Primviolinie bey No. 11. schon eine Oktave, folglich ist sie bey No. 12. eine doppelte Oktave dazu, und dennoch hört man diese erhöhte Begleitung öfter als jene. Und sie thut den Ohren, (weil sie vielleicht schon daran gewohnt sind) gar nicht weh. Schade daß man die Natur um tausenderley Ursachen nicht fragen kann!

Ein berühmter Meister erklärte, die Baßstimme müsse mit einem mehr hurtig als langsamen Zeitmaaße erhoben werden, und es solle die Begleitung dabey, desto lebhafter seyn, weil es unnatürlich sey, dieser tiefen Stimme*) hurtig laufende Figuren zu geben. Andre wollen auch den mannbaren Tenor keine so schnellen Läufe zugestehen als den Diskant — und den Alt. Ich kenne aber einen Tenoristen, der flugs auch die nächste beste Diskant-Arie mit Beyfall singt. Es ist zwischen Stimmen und Stimmen freylich ein geräumiger Unterschied, sonst wären die bisherigen Anmerkungen ganz vergeblich. Dem sey wie ihm wolle, es steckt mir noch etwas in der Brust, das heraus muß. Ich gebe, wenn ich ein vollstimmiges Kirchenstück setze, den Violinen, sammt der Bratsche während Tutti, mehrentheils einen variirten Gesang, so wie alle pflegen; und da laß ich die erste Violine nicht nur in der Höhe mit dem Alt, so wie No. 6 und No. 5. sondern auch mit brunter sogar mit dem Tenor eintreten, so wie sich No. 2 und No. 1. gegen einander verhalten. Ich könnte mit dieser bequemen Freyheit mich blos auf die Oktavenregister in rein gestimmten Orgeln beziehen, allein ich hatte vor Jahren von zween Meistern dergleichen Sätze gesehen, die bey der Production so melodisch als harmonisch lauteten. Ach! noch etwas: Man hört die Flöten mit den andern Instrumenten öfters und lieber oben in der Oktave als die Hoboen, weil diese einen dicken und hohlen Klang haben. Gleichnißweise singe man auf einem nehmlichen Intervall die Vokalen e, und demnach u, so wird man bey diesem letzten gleichfalls eine der Tiefe ähnliche Höhlung mit fühlen.

Mancher Meister läßt bisweilen die Hoboen gar eine Oktave unter den Violinen einige Takte hindurch mit begleiten, da sie denn die tiefern Instrumente, als Oboe d'amore, oder Talee (insgemein englische Horne genannt) oft gut überheben können, ꝛc. Aber durch die bisherige Ausschweifung habe ich völlig den Baß vergessen!

Mancher Text giebt zu sehr tiefen Bäßen als Seltenheiten Anlaß; es versteht sich, daß die übrigen Instrumente dabey ebenfalls mehr tief, als hoch müssen seyn. Außerdem hörte ich einsmals ein seltnes piano in einem Terzetto a 2 Violini con Violoncello, in der Mitte des ersten Allegro, das gar nicht übel aufgenommen ward, z. Er.

Es macht die Secundvioline gleichsam den Baß, und das Violoncell die Primvioline. Der Verfasser hat eine Weile vorher den Satz freylich grundbaßmäßiger hören lassen, nehmlich so wie bey No. 2. Einige wollen, man solle Anfängern gar keine Seltenheiten zeigen, weil sie gleich noch weiter gehen, und manchmal gar bis zum Ekel ausschweifen, allein sie von ihrem Eifer abzuhalten, wäre vielleicht so gewissenhaft, als ihnen gelegenheitlich nahmhafte Vortheile zu verheelen. Zudem so haben sie nicht alle gleiches Naturmaaß.

Ich habe derer einem neulich die ersten Bogen von der Gesangleiter zum Uebersehen gegeben, und er fand gleich andre Bäße hervor, z. Er.

Er wollte weiter schreiben, ich glaubte ihm aber auf sein Wort. Nur ließ er sich nicht wehren, zum Anfange eines Liedes den oben belobten Grundbaß**) zu versuchen, z. Er.

P 2

*) Obgleich ihr Umfang Arienmäßig ungleich höher ist und seyn muß als im Tutti.

**) Oder von Kritikern vorbemerktem Pauken-Baß. Auch mittelmäßige Kritiker können oft etwas errathen, und Nutzen schaffen; wenn nur die nahmhaftesten nicht gemeiniglich am wenigsten verstünden. Denn man lege ihnen Zweifel, deren es in der Tonkunst unbeschreiblich viel giebt, zur Auflösung vor, so schweigen oder zürnen und höhnen sie.

Er sagte hierauf: Nicht deswegen, weil er gezwungen war, von dem letzten Viertel des dritten Takts zum ersten Viertel des letzten Takts eine Folge von zwo Quinten zu setzen, die zwar mancher Meister so in der Gegenbewegung gestatte, sondern deswegen wäre der Baß in seinen Ohren abgeschmackt, weil er entweder zu mathematisch oder zu materialisch — vielleicht zu einem türkischen Marsche — in der That ein rechter Hottentottenbaß — — — Ich unterbrach, und verwies ihm dieses unreife Urtheil. Denn hätte er den Gesang vierstimmig setzen müssen, so würde ihm dieser Baß fast mehr Leichtigkeit verschafft haben, als andere Bäße. Daß er so nur zweystimmig nicht galant lautet, das gestehe ich selbst, daher hört man ihn ohne Mittelbaßnoten selten. Um den guten Menschen zu besänftigen, zeigt ich ihm zu seinem einfältigen Gesange ein Paar andre Bäße, z. Ex.

Es ließe sich zwar über diese Bäße eben sehr leicht vierstimmig setzen. Es ist nur im dritten Takt des letzten Basses das erste (l) eine verwechselte Note d bey (m). Aber das Vollstimmige mit den verwechselts durchgehend und ausschweifenden Noten gehört zum Contrapunkt. Anfänger, die von dem Basse insbesondere nichts wissen, und auch im Contrapunkt Neulinge sind, behelfen sich freylich meistentheils mit Grundbaßnoten. Es ist auch aus der Erfahrung bekannt, daß diese Grundbaßnoten einem gesunden Gehöre von der Natur ungleich reichhaltiger eingepflanzet sind als der Dreyklang der leeren Drahtsaite, sonst hätten wir nicht so unzählich viel große Meister vor uns, die um das papierene System §. 1. nichts wußten, nichts wissen auch nichts davon zu wissen nöthig haben. Man lache nicht über die Einpflanzung; denn auch die Folgen von Quinten und Oktaven (nehmlich diese außer unisono-mäßig) sind gesunden Ohren zuwider, mögen gleich Mathematiker schreiben und sagen was sie wollen, z. Ex.

Dergleichen Gänge spielte ich in meiner Jugend, als ich auf dem Lande Präceptor war, öfters auf dem Klavier Leuten vor, die im Winter gemeiniglich zu uns in die Stube herein kamen um sich zu wärmen, allein ich fieng kaum so bald an als sie Lippen und Nase rümpften. Hingegen konnten sie die Dissonanzen wohl vertragen, ja nicht anders als wäre ihnen die Auflösung vorhinein bekannt gewesen. Wovon abermal ein klein Gleichniß:

61

Kurz, dieses gefiel, jenes mißfiel ihnen.

Ich muß von den Grundbaßnoten doch noch etwas melden, z. Er.

§. 43.

Streichet man auf der Violine No. 1. die Terzen und Sexten außerordentlich stark und sehr rein zusammen, und hält währendem Streichen das linke Ohr nahe zu den Saiten, so vernimmt man die unten in der Bratsche geschriebenen Noten deutlich mit raspeln. Sind sie manchem noch nicht deutlich genug, so streicht er anstatt der Achtel nur Viertelnoten. Dieses ist (kann es heißen) abermal eine Probe für das System §. 1. und zugleich für den harmonischen Gesang. Aber weiter kann man damit nichts ausrichten *); denn es wird unten (in der durch die Bratsche angemerkten Tiefe) wenn man mit der Violine oben eine Terz minor streicht, keine schnarrend oder raspelnde Erzitterung gehört. Wenigstens aber wird hier die Harmonie von der Natur nicht gar so zerstreut gezeigt als auf dem Monochord, da wo die Terz in der Entfernung vom Basse gar die siebenzehnte Note ist.

Bey No. 2. läßt sich ein Violinist währendem Streichen linker Hand hinten knap an den Steg (oder Sattel) eine mehr schwer als leichte Tabacksdose hinlegen, so hört jederman umher den unten geschriebenen (in Ansehung des so kleinen Instruments) sehr tiefen Baß mit brummen. Die Oscillation **) bedeutet hier zu wenig, als daß wir mit den Mathematikern, und sie mit uns, über diese wunderbare Schöpfung, über diesen harmonischen Fingerzeig der Natur nicht erstaunen sollten. Obgleich zum ungeheuren Umfang der Setzkunst weiter keine Regel daraus zu ziehen ist ***). Es ist zwar eben nicht so lange, als ich bey einem musikalischen Gespräche unter andern einen berühmten Gelehrten sagen hörte, man müsse vor allen andern, so wie er, die Natur studiert haben, und er habe auch vermittelst der Geometrie die Rationalzahlen, hierauf aus einigen mehr neu als alten Büchern die musikalischen Intervalle sammt dem Grundbasse kennen und wohl unterscheiden gelernt. Ich zeigte ein sehnliches Verlangen, einige von seinen eigenen Sätzen zu sehen; er verstand mich aber nicht. Ich reichte ihm endlich Papier und bat ihn, er möchte nur ein kurzes Stückchen hinschreiben. Er entschuldigte sich selbigen Tag wegen übler Witterung; doch wollte er, wenn ich selbst etwas aufsetze, den Baß dazu komponiren. So dann schrieb ich flugs folgende platte Noten als ein Anfangs-Ritornell nieder:

*) Hier ließen sich wieder verschiedne Zweifel aufwerfen. Wenn man aber einem Mathematiker (ich verstehe allezeit einen musikalischen Mathematiker) unter andern nur fragt, warum z. Er. auf einer und der nehmlichen Saite des Monochords kleine Sext oder Quarte zittert; warum ohne Versetzung der Tonarten, oder ohne Vermittlung eines b moll keine Tonart mit Terz minor zu erzwingen sey, so läßt er sich endlich doch gefallen, es der geheimnißvollen Natur zuzuschreiben. Dessen unerachtet kommen immerfort Schriften von der Tonabmessung heraus, so daß Anfänger vor dergleichen Blendwerke nicht genug sicher zu stellen sind.

**) Bebung oder Schwankung, und in hohen Klängen Erzitterung.

***) Es ließ sich aber neulich hier ein Violinist hören, der vermittelst der Tabacksdose nicht nur hinten, sondern auch vorn knap am Stege Tonveränderungen hervorbrachte, und nebst andern Kunststücken auf seinem Instrument Bewunderung erregte. Sind diese und viele andere aus der Harmonie entspringende Erfindungen auf der Welt noch nicht gehört worden, so ist der von Gellert beschriebene Gus der Musik nicht zu vergleichen.

J. Riepels Baßschlüssel.   Q

62

Nun setzte er folgenden Baß darzu:

Dann fragte er mich, was ich davon hielte; ich antwortete, daß zwar keine Note wider die Regel des Baßsystems gesetzt sey, der ganze Baß aber gar nichts tauge. Die sogenannte Transition der vier herabsteigenden Achtelnoten bey (m) sey so gar auf dem Lande draußen schon lange zu allgemein und ekelhaft, und die darauf folgende Note (c) gar zu niederträchtig u. s. w.

Er verlangte dann von mir einen Baß darzu, und ich mußte folgen, z. Ex.

Ich wollte diesen Baß noch etlichemal abändern, er ließ mich aber nicht, sondern fragte, warum ich den neunten Takt bey (P†) wieder in G angefangen? Ich half mir mit einem, für diesen Fall nicht ganz hinkendem Gleichniß und sagte: Am Anfange, nehmlich beym (H) ist der Gesang in der Tonart c zu Hause, von da an macht er eine Spazierreise zur Tonart g bey (P); nun muß er ja nothwendig von diesem (P) oder (P†) nehmlich von der Tonart G zurückkehrend wieder zum (HC) nach Hause kommen. Es wurde endlich der Gesang mit beyderley Bäßen probiert. Zum Unglücke gefiel der meinige den Zuhörern mehr als der seinige. Ich bereute es und schwor, gelehrten Grundsätzen und Meynungen nicht leicht mehr zu widersprechen; denn er verließ uns alle schnell und wild.

§. 44.

Inzwischen sind die Systeme und Hypothesen, wenn das Gehirn nicht dabey verletzt wird, zu loben, sie muntern zur Nachforschung hübsch auf. Es schickte mir ein Anfänger vor einiger Zeit chromatische Gesangleitern, die ich gleichfalls für Systeme erkenne. Es war mir leyd, daß ich sie erst lange nach der Herausgabe meines 5ten Kapitels zu sehen bekam. Er kopirte sie vorgeblich in des berühmten Legationsrath von Mattheson kleinen Generalbaßschule ab. Ich erhielt sie in der Tonart D; ich will sie (was einerley ist) ins c, und die diatonischen Leitern zu mehrerer Deutlichkeit voraussetzen, die erste mit Terz major, z. Ex.

Fina-

Finalis wird die Grundnote der Tonart genannt, weil sie am Schluße eines äußern und Solo-mäßigen Gesanges am sichersten angezeiget wird. Warum die Terz (hier die fünfte Note) mediaus genennet wird, habe ich bereits oben bey §. 9. meine Meynung gesagt. Die Quinte, nehmlich hier die achte Note, wird dominans, die herrschende genannt. Diese Benennung gefällt mir deswegen am besten, weil man bey Tonwendungen, sage, bey jeder Mitteltonart sich in der Quinte hübsch lange aufhalten soll, um solche Tonart körperlich und fühlbar zu machen. Die kleine Terz nehmlich hier die vierte Note, wird peregrina, eine fremde Note genannt. Freylich ist sie fremd, weil sie gar nicht hieher, sondern zur Tonart c mit Terz minor gehört*); es ist daher ein Schreibfehler; denn es sollte anstatt derselben e♭ eine Note d♯ stehen.

Kurz, bey mir sind (necessariae et naturales) die nothwendigen und natürlichen Noten immer einerley, weil sie sammt der Grundnote die diatonische Leiter ausmachen, die übrigen sind alle (elegantes) Zierungsnoten **).

Ich setze also die nehmliche Leiter noch einmal; aber nach meiner Art auf, z. Ex.

Diese Anmerkung und Benennungen sandte ich dann bemeldten Anfänger zu; worauf er mir aber sogleich antwortete, ich sey wunderlich, ich sollte doch glauben, daß er wisse, was elegans, naturalis etc. heiße; hingegen wisse er nur nicht, was die Leiter weiter nütze. Endlich war ich klug: ich formirte darüber, um ihm die Briefkosten auf der Post zu erleichtern, ganz kurze praktische Beyspiele, die ich auswendig ohngefähr noch zu treffen hoffe, wie folgt:

Q 2   Hier

---

*) Käme es mit e♭ auf eine fremde Ausweichung an, so könnte a♭ und d♭ nicht dazu gebraucht werden; der Schreibfehler ist also offenbar.

**) Deswegen sind sie aber nicht unnatürlich, denn ein Baum- oder Pflanzengewächs hat nicht durchaus gleichförmige Theile; es heißt, die Natur habe ihr Spiel.

Hier sind meines Wissens alle besagte Zierungsnoten, auch theils wesentlich mit drunter angebracht. Auch dergleichen Bäße sieht man bisweilen; ich will gleichfalls ein Exempel so zusammen schrauben:

Nun zur chromatischen Leiter mit der Terz minor, z. Er.

No. 1.

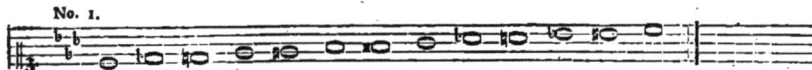

Und ich will sehen, ob ich sie nicht in beyden Instrumenten zugleich durch ein einziges Beyspiel zeigen kann:

No. 2.

65

Ich glaube ich habe oben schon zu verstehen gegeben, daß wer sich gelegenheitlich vor dem mi contra fa, oder fa contra mi nicht zu fürchten hat, der kann die kleine Sext, sonderbar im Gesange, so wohl hinauf als herab als eine Seltenheit für eine Zierungsnote halten, ich meine ungefähr so wie, 3. Er.

In dieser weichen chromatischen Leiter No. 1. ist die zweite Note, nehmlich d♭, nun schon bekanntlich eine Zierungsnote. Die No. 2. im neunten Takt die Violine, und im eilften der Baß hat, und die Pergolese im Stabat Mater gleichfalls dem Baße gegeben hat. Sein Satz ist in F Terz minor, ich kann ihn aber hier in C Terz minor geschwind halbwege zeigen, 3. Er.

Von No. 3. geschieht im Anhange zum harmonischen Sylbenmaaße mehr Erwähnung *). No. 4. von einem andern Tonsetzer, scheinet fast eine Nachahmung darüber zu seyn; da wo die ausschweifenden Nötchen c ♯ der Violine aus der harten Leiter c entlehnet sind. Endlich war mein Anfänger zufrieden, ja er dankte mir so gar, und bekannte, daß er einen sichern sehr berühmten musikalischen Recensenten vergeblich lange um die Auflösung seines Zweifels gebeten habe, und daß ihm jetzt die Stelle, so der große Scribent von Mattheson den Leitern beyfügte, erst einleuchte und gefalle. Sie laute nehmlich ungefähr so: Die zufällig= und galanten Zierungsnoten geben einem Satze fast eben solche Anmuth als der Schmuck und die Würze dem Essen, oder die feine Spickung dem Wildpret. Hingegen viele Leute können freylich keinen Speck vertragen und allzuviel Zierrath und überflüßige Specereyen verderben das beste Gastmahl. Ich kann zwar den Speck vertragen; aber mein Geschmack ist vermuthlich nur nicht fein genug, eine sichere Cadenz eines gedruckten Clavier-Menuets (in der Tonart B) für köstlich zu halten. J. Er.

*) Ich will aber hier die beyden Meister zum Beyspiele nennen: Buranello hat diesen Satz in einer von seinen Messen, und Jomelli hat ihn in einem Libera; daher gereichte ihnen ihr wider Pergolese gefälltes Urtheil zu keiner Ehre. Es war hoffentlich eine zu bereuende Uebereilung.

J. Riepels Baßschlüssel.

No. 7.)

Nehmlich die Cadenz No. 5. Der Herr Verfasser hat vielleicht an das enharmonische Geschlecht gedacht, und No. 6. darunter verstanden; aber — aber für mich wäre No. 7. spitzfindig genug. Inzwischen mag es immer heißen, es werden die dermal zu fremden Erfindungen mit der Zeit landgemein werden. Weiter hilft und schadet es nicht, wenn man aus der Erfahrung schließt, daß wir die Zierungsnoten von den Griechen (denen eben die Erfindung des chromatischen und enharmonischen Geschlechts zugeschrieben wird) ererbt haben.

Vom Basse will mir schon nichts mehr beyfallen *) Was hülfe es, wenn ich auch eine oder die andere Figur zeigte, z. Er.

No. 1.   No. 2.   No. 3.

No. 4.   No. 5.

No. 6.   No. 7.

No. 8.   No. 9.

No. 10.

*) Ich hätte mir oben bey Erwähnung der jungen Bässe anmerken können, daß bey Kammermusiken die 2 Violinen die Stelle des Basses während dem Solo oft gut vertreten; aber zu Singstimmen ist diese Baßbegleitung zu jung: Wenn ich oftmals anders recht gehöret habe.

67

Ich habe in den ersten Uebungsjahren immer geglaubt, es dürfe der Baß nicht so mit den Violinen im Einklange anschlagen wie bey No. 1. da doch dieselben tiefen Violinnoten von dem Baße gleichsam nur entlehnet sind. No. 2. ist aber auch nicht zu verachten. Hunderterley ähnliche und willkührliche Gedanken der Tonsetzer kann ich mir nur vorstellen. No. 3. habe ich in einer lustigen Pastoralsymphonie gehört.

Zeit und Umstände verschaffen oft wohl noch kühnere, oder auch noch scherzhaftere Bäße, zumal im Pantomim- und komischen Styl. Der Baß bey No. 4. den einige einen Harfenbaß heißen, wird gern gebraucht die Wasserwellen, und der bey No. 5. die Meerwogen auszudrücken; allein die vielerley sonst noch hierzu schickliche Figuren wären vermuthlich schwer zu errathen, und einige Tonsetzer laßen diese und viele andere Ausdrücke nicht dem Baße, sondern den Violinen über. Mancher Tonsetzer ist in die Harfen-Bäße verliebt, er fängt aber nicht so bald damit an, als er stecken bleibt, weil er sich vermuthlich nicht besinnet, daß zuvor ein bequemer Gesang dazu ausgedacht werden muß, oder es richtet sich der Gesang so viel leidlich ist, nach dem Baße. Wie der sehr verschiedne Bäße giebt es, die sich gleichsam Solo-mäßig auszeichnen, so wie ohngefähr der bey No. 6. und sie thun manchmal eine artige Wirkung *), jedoch werden sie von den Violinen öfter, sicherer, ja fast gewöhnlich Oktav- oder Einklang-mäßig verstärkt **). Auch wird solcher Einklang von den Violinen bisweilen variirt, wie bey No. 7. auch wohl wie bey No. 8. und ich vermuthe, daß diese Freyheit No. 8. mittelst hurtigem Zeitmaaße besser laute, als No. 9. und vielleicht auch besser als wenn der Baß die Sechzehnnoten selbst mit rollte. Die Ohren nehmen die Oktaven No. 7, No. 8, No. 9. so wie bey No. 10, No. 11 und No. 12. (der Violinbewegung ungeachtet) für einen Einklang an. Es könnte zwar der Baß bey No. 10. und No. 12. die nehmliche Bewegung mit den Violinen haben, noch mehr dergleichen Bewegungen zugeschwiegen.

Bey sehr starker Besetzung wird auch manchmal die erste Violine u. s. w. noch um eine Oktave höher getrieben, so wie bey No. 13. zu sehen. Diese Freyheit können die Oktaven-Register in großen Orgeln ebenfalls leicht vertheidigen. Aber bey No. 14. sind es in meinen Ohren verbotene Oktaven, indem da die Violinbewegung einen harmonischen, sage, einen Begleitungsbaß verlangt. Ich denke diese kurze Anzeige sey, um in allen Sätzen einen Unterschied zu entdecken, ziemlich fühlbar. Jedoch noch etwas vom Baße. Das Zeitmaaß ist uns nicht minder eingepflanzt als die Harmonie. Ich habe zu Doßega in Sklavonien ***) junge Leute und besonders Zigeuner bloß nach dem Takt einer kleinen Trommel in Reihen tanzen sehen. Vermuthlich haben die letzten diese taktische Musik aus Aegypten mit herüber gebracht. Man hört auch heute noch einen Baß, der mich fast daran mahnet; ich will ihn daher einen taktischen Baß heißen †). Er wird bey Balletten noch immer gebraucht. Ich zeige ihn in Kürze, z. Ex.

R 2 No. 1.

---

*) Man sieht noch alte Arien u. s. w. wo der Baß ganz allein die Ritornellen oder Zwischenspiele auf sich genommen hatte, und vermuthlich mit Beyfall.

**) Dieser oktavenmäßige Einklang thut mir darunter unvergleichlich Effekt, sonderbar im Vollstimmigen, und sonderbar wenn die Singstimmen über einen guten Vokalen eine Dehnung haben.

***) Ich sage Bosnien.

†) Obgleich der Grieche Aristides Quintilianus diese Benennung nicht hatte. Aber — ach hätten wir nur keine andere Taktik auf der Welt!

Es bleibt der Baß, wie bey No. 1. zu sehen, just wie der Violingesang (mit den Halbnoten, oder sogenannten halben Schlägen) zugleich hocken. Mancher Tonsetzer dürfte freylich einwenden, es müsse in der Musik immer eine Bewegung seyn, so wie ungefähr bey No. 2. allein hier hilft der Baß den Gesang nicht taktisch genug erheben. Ich zeige noch einen Anfang von einem solchen pantomimischen Ballet.

Hier ist abermal No. 3. taktisch, nicht aber No. 4. Es ist aber der taktische Baß auch in ernsthaften Sätzen zu brauchen *), ja so gar in geistlichen Choralgesängen üblich und gut, z. Er.

Hier die oberste Stimme kann man, (wenn der Diskant in den Tenor übersetzt würde) für den einfachen Choralgesang ansehen. Wäre es aber ein vierstimmiger Choral für musikalische Sänger, so könnte der Begleitungsbaß eher eine Bewegung haben, z. Er.

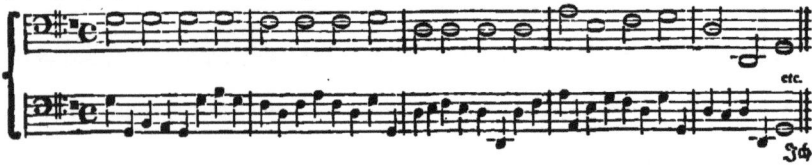

*) Bey Pastoral-Gesängen findet oft [noch] überdieß der motus obliquus Platz, da den still liegenden Baß auch Dissonanzen mit darunter artig auszeichnen helfen.

69

Ich getraute mir aber die Frage, ob diese zween Bäße so anbächtig lauten als ein taktischer Baß, nicht zu beantworten. Ein anders ist es mit einem Chor, oder chormäßigen Choral mit Instrumenten; die kann mit dem Basso continuo gern ihre eigenen Bewegungen entzwischen einfließen laßen.

Auch in Arien, in wohlgesetzten Arien hört man bisweilen taktische Baß- und auch taktische Violin-Noten mit drunter *). Z. Er.

Auch richten sich wie ganz begreiflich, die übrigen Begleitungsinstrumente darnach. Taktisch ist also der fünfte Takt.

Ich will unter dieser artigen Benennung noch ein kurz Beyspiel hersetzen:

Die taktischen Noten wie bey No. 5 und No. 6. sind so mit forte sehr bekannt; vielleicht aber könnte ein Text Gelegenheit geben, deren eine oder andere nicht nur in der Mitte oder nahe am Ende eines Gesanges, sondern so gar am Anfange, und zugleich piano geltend zu machen, so wie die schläfrige Gleichniß bey No. 7. zeiget.

Folgende Freyheit gehörte eigentlich zum Contrapunkt, doch hat der Baß auch Theil daran, z. Er.

*) Kurz, der taktische Baß ist zu Expreßionen vortrefflich, und deswegen auch gebräuchlicher als ich hier zeigen kann. Er hilft dem Gesange gleichsam reden.

J. Rispels Baßschlüssel. S

Unter den oben aushaltenden Noten verstehe ich Flöten oder Hoboen; und in der mittlern Linienreihe die erste Violine. Die Ausfüllung mit der Secundviolne und Bratsche mag man sich indessen abermal einbilden. Es thut aber oft noch mehr Effekt, wenn die blasenden Instrumente auf einem Intervall beysammen bleiben, so wie bey No. 2. oben im g, und nicht oktavenweise wie bey No. 1. Das Wort Nebens oder Seitenaccorde*) taugt hierzu nichts, denn dergleichen Aushaltungen, so oft sie sich um die reine Harmonie nicht zu bekümmern scheinen, sind vielmehr nur ausschweifende Noten; sie gleichen beynahe dem, auf einem Intervall liegendem oder fortschreitendem Basse, der sowohl Dissonanzen als Consonanzen vertragen muß. Es kömmt damit hauptsächlich auf die Entscheidung eines geübten Gehörs an. Ich habe diejenigen Sätze auch in vollstimmigen Kirchenstücken mit darunter wahr genommen, da wo die Primviolne (wenn keine blasenden Instrumenten dabey waren) mittelst Sechzehnnoten auf einem Intervall fortrennte, und die Secundviolne, Bratsche und der Baß dann für sich andere lebhafte Bewegungen hatten. Ich erinnere mich, schon bey einer andern Gelegenheit gemeldet zu haben, daß einige Tonsetzer in diese Sätze dergestalt verliebt sind als wüßten sie sonst nichts schönes zu erfinden. Sie dehnen sie (gleichsam in die Werte) langmächtig aus. Sie bemühen sich auch, dem Hauptgesange durchaus gleichförmige Figuren oder Notenbewegungen zu geben, welches dem Herrn M. zu pedantisch zu seyn deucht.

3. Er. hier bey No. 1. sind die ersten zween Takte vermittelst der Wiederhohlung natürlicher Weise einander gleich; der darauf folgende Takt hat hingegen andere Figuren; der vierte und fünfte Takt sind wieder einander gleich, und der sechste weichet abermal ab. Dieses heißt Herr M. eine erträgliche Mannigfaltigkeit. Bey No. 2. haben alle fünf Takte keiner mit dem andern eine Aehnlichkeit. Deswegen ist hier, spricht er, zu wenig Zusammenhang. Ich lasse den fein seyn wollenden Herrn M. immer urtheilen, mir ist genug, daß die Sätze mit aushaltenden Noten, als eine Seltenheit, gut angebracht können werden.

Ich will und soll endigen. — — Nein, es ist mir kaum möglich, daß Vergnügen ist zu groß, und ich denke, doch zugleich auch manchem dadurch zu dienen.

Ich habe von einem abgelebten italienischen Meister seltne Sätze gesehen und gehört, die gar nicht unangenehm lauteten. Er hatte sein Spiel sonderbar mit dem Basse in dem, daß er zu einer Tonart mit Terz major manchmal flugs Noten aus der Tonart Terz minor raubte und auch umgekehrt, z. Er.

No. 1.

*) Vorgeblich von französischen Tonsetzern *accords par supposition* genannt.

Hier No. 1. ist nehmlich die Note b aus der weichen, und No. 2. im dritten Takt die Note h aus der harten Tonart. Ich kann mich hier vor einer Nebenanmerkung nicht erwehren: Es bedienen sich nehmlich bewährte Meister einer weichen Tonart sehr oft zu fast lustig und heroischen, hingegen einer harten Tonart auch zu traurigen Stücken. — Aber der Unterschied ist, wenn beyde Tonarten unmittelbar in gleichem Zeitmaaße auf einander folgen, sehr merkbar, da dann die weiche Tonart ihrer Benennung gemäß, und viel zärtlicher lautet. Sie kann in einer harten herrlichen Tonart fleißig mit eingewebt werden, und eine gleichsam vielfärbigte Blumenzierde formiren helfen; allein sie derselben zum wesentlichen Gebrauche gleich schätzen wollen, wäre so unbesonnen, als sie deswegen für wichtig zu erklären, weil sie auf dem Monochord schlechterdings unvernehmlich ist *).

§. 45.

Die vorerwähnten Zierungsnoten erinnern mich jetzt auch an die chromatischen Accorde. Z. Ex.

Es folgen hier vom zweyten bis dritten, und dann auch von dem fünften bis sechsten Takt zween chromatische Accorde unmittelbar, das ist, unaufgelößt aufeinander, die zu allen Zeiten verboten sind, weil sie das Gehör zu herb angreifen. Es muß im zweyten chromatischen Accord wenigstens eine wo nicht mehr Noten zu stehen kommen, die auch der erste chromatische Accord hatte, welches eben die Auflösung genennt wird.

Ich will also No. 3. verbessern, z. Ex.

*) Ich setze die leere Drahtsaite sey C. Wenn denn die zitternde Terz E, tiefer läge, als die Quinte G, so wären diese beyde für sich eine kleine Terz. Nun mangelte hierzu nur noch die Quinte H, um einen weichen Dreyklang zu kriegen. Aber H, als die große Septime zum Grundton C, wird so lang falsch zittern bis 3 mal 7 nicht 22 macht.

Hier steht von dem fünften bis siebenten Takt ein unchromatischer Accord entzwischen; aber um so erträglicher ist es. Es hieß ehedessen, es soll ein jeder chromatischer Accord vorbereitet werden, daß ist, wenigstens eine Note auch von einem unchromatischen Accord dazu vorher liegen; allein diese Regel ist schon lange außer Achtung. Was noch mehr, ich habe so gar von manchem berühmten Meister unaufgelößte chromatische Accorde entdeckt; es mag demnach der Text, oder sonst was dazu Anlaß gegeben haben. Meister unterscheiden sich in ihren Sätzen freylich von denen, die von einer Auflösung u. s. m. gar nichts wissen.

Von den chromatischen Accorden überhaupt ist schon in meinen vorigen Herausgaben ein und anders vorgekommen; die dermalige kurze Anmerkung deutet nur auf den Baß, dem ich in der Jugend viel zu danken hatte. Es ist mir leid, daß ich des Abdruckes wegen nie mehr als ungefähr 30 Noten auf eine Linienreihe bringen darf, z. Er.

Aber sey es! — Ich zeige ja auch sonst alles in möglicher Kürze, scilicet. Folglich stelle man sich hier bey No. 5. in den Figuren der Achtelnoten im Solo, z. Er. mitten im Allegro eines Concerts, entweder eine Flöte, eine Hoboe, oder Violino principale vor. Hierzu könnten die begleitenden zwo Violinen sammt der Bratsche die Ausfüllung haben wie folgt:

Daß die Violinen auch Certationen entzwischen haben, oder alle Begleitungs-Instrumente abschnappen könnten wie bey No. 7. und so hundertmal weiter, das gehört nicht zu dem was ich sagen will. Ich hörte in meiner Jugend ein Concert spielen; das erste Allegro hatte drey Solos, und im dritten Solo waren eben solche, aber bis viermal längere Gänge (doch nur nicht so platte Figuren) als bey No. 5. und die Begleitung war wie bey No. 6. Das Vergnügen munterte mich zur Nachahmung auf, ich hatte aber unsägliche Mühe, bis ich endlich auf folgenden Einfall gerieth: Ich setzte erstlich den Baß auf, und die Ziffern drüber, welche mir die Schwierigkeit sowohl für den harmonischen Solo-Gesang als für die Begleitung hebten. Durch dieses Mittel sah ich sogleich, ob die Gänge und Wendungen verhältnißmäßig, nehmlich gegen den übrigen Gesang nicht gar zu lange oder gar zu kurz, und wenn man einer Schärfung oder Erweichung nöthig sey. Diese letzten zwo Vermittelungen kann ich vielleicht in Kürze ein wenig zeigen, z. Er.

Die Tonart ist C, nun könnte es heißen, es wäre die sechste Note G mit Terz minor zu weich dazu, sie, die Tonart C würde dadurch unkennbar. Deswegen habe ich im siebenten Takt geschärft, um die Tonart C wider hinlänglich zuzubereiten.

Vom vierten Takt an ist es eine Schärfung, der achte Takt erweichet aber wieder. Auch hilft es, um die rechte Tonart dem Gehöre wieder seltsam bekannt zu machen, wenn man am Ende der Wendungen hübsch lange in der Quinte bleibt, z. Er.

73

Geh' einer noch so weit in die b mollen hinein oder in die ⨯ hinaus, und ergreif er gar enharmonische Accorde, so hat er vermittelst der Schärfung und Erweichung gewonnen Spiel, er mag sich gleich zur Haupttonart, oder zu einer Mitteltonart wenden wollen *).

 Ich habe im harmonischen Sylbenmaaße halbwege gezeiget, wie der Baß hilft, die Tonwendungen im Recitativ vorzunehmen; und hier möchte ich auch noch gern für den ordentlichen, sowohl Solo-mäßigen als vollstimmigen Gesang ein wenig sorgen; wie da nehmlich unvermuthete Ausfälle oder Ueberraschungen leicht hinzuschreiben sind, und die heut zu Tage doch von vielen als verblümte Seltenheiten sehr genehmigt werden.

 Es wird meines Erachtens, eben kein anderes Mittel seyn, als den Baß beziffert zu zeigen, und das bey einer endlichen Cadenz oder bey einem Absatze. — Ich brauche diesmal lieber wieder die Cadenz dazu, aber mit Erlaubniß der Stachelschreiber ohne Taktordnung, und ganz enge beysammen. Z. Ex.

Das sind nun 20 Entwürfe. Aber — ich fürchte, mancher Anfänger werde mich noch nicht recht begreifen. Ich wollte zur hinlänglichen Deutlichkeit herzlich gern auch einen Gesang darüber aufsetzen, wenn ich ihn ein wenig ausdehnen dürfte. Denn schraubte ich um möglicher Kürze willen alles knap zusammen, so könnte manchem das Gehörblättlein verrückt, und sonst auch wenig Nutzen geschafft werden**). Jedoch — die gute Meynung feuert mich an; ich wage es, z. Ex.

*) Ich halte diese bisherigen kurzen Anzeigungen für nothwendig; denn man weiß manchmal am Ende eines musikalischen Stückes leider nicht, in welcher Tonart es angefangen hat.

**) Man hört zwar heut dergleichen Fälle und Wendungen häufig, und das nicht allein ausgedehnt, sondern auch von Viertel zu Vierteltakt unvermuthet nach einander.

J. Riepels Baßschlüssel.   T

J. Riepels Baßschlüssel.

78

Hier No. 1. gäbe gleichfalls zur Veränderung Anlaß. Aber selbst mancher Meister sucht geschärfte Noten und Vorschläge, wenn sie nicht kurz genug sind, mittelst des Basses so wie bey No. 2. im zweyten Takt, zu mildern; denn den geschärften Vorschlag bey No. 3. eben auch im zweyten Takt, halten viele Zuhörer (wie gebräuchlich er heute immer seyn mag) für ein tölpisches Versehn der Aufführer, oder wenigstens für einen Kopisten-Fehler. Vielleicht würde solchen diatonischen Liebhabern folgender Satz nicht gar zu wehe thun:

Ich hätte auch oft, so wie kurz vorher geschehen, während er Cadenz ausweichen können. Z. Er.

Allein mein Gedanken war, daß alle dergleichen Wendungen förderlichst bey ausgedehnten Gesängen bisweilen mit darunter könnten angebracht werden. Damit war mir das kurze Vorspiel zu einer Arie, so ich neulich hörte, eben zu verschwenderisch, oder zu künstlich. Ich will nur die letzte Hälfte davon zeigen. Z. Er.

Ein

79

Ein eifriger Anfänger wird sich zwar an meinen Geschmack nicht kehren, sondern bald ganz andere Wendungen heraus kriegen, als die bisherigen. Dafern er nur nicht zu weit ausschweift. — Es ist bekannt, daß ein vermindertes Intervall so wenig übermäßig als ein übermäßiges vermindert seyn kann, und doch sah ich vor einer Zeit in einer Composition sowohl eine verminderte Sext als verminderte Quinte. Ich will beyde nur zweystimmig, und von den übrigen durchgehends enharmonischen Gesänge abgesondert zeigen. z. Er.

Das heißt also mit der lieben Musik das Garaus spielen. Ich habe auch die enharmonischen Sätze so lange für jugendliche Grillen gehalten, bis ich dieselben bey einem wirklichen und berühmten Meister gesehen und gehört, daß er sie, um dem Text mehr Nachdruck zu geben, unvergleichlich wohl angebracht hat.

Wir können freylich keinen solchen Gebrauch davon machen wie die Griechen damals, und in selben Gegenden heute noch; sondern hier herum kömmt nur ein b anstatt eines ✕ und dieses anstatt jenes zu stehen. Ich will es gleichfalls mit etlichen Noten auffallender geben, z. Er.

Bey No. 1. sind im ersten Takt die 4 b mollen enharmonisch, bey No. 2. ist die Auflösung dazu. Weiter will ichs nur mit der Violine ein wenig zeigen, z. Er.

Bey No. 4. ist die Auflösung. Ich bin wirklich schon davon satt *). Ich will lieber auch ein Baßsystem (sit venia verbo) mit Terz minor vorzeichnen, für dießmal in D. z. Er.

*) Für manchen Virtuosen braucht man keine enharmonischen Noten zu setzen, er läßt sich ohnehin damit weidlich hören; welches andere zwar für eine Nachahmung der ungleich schwebenden Temperatur halten.

Ich will einen Anfänger des Vergnügens, nun selbst einen Gesang darüber zu formiren, nicht berauben. Ich habe nur zu erinnern (er wird zwar selbst bald wahrnehmen) daß die Ausbeute hierzu bey weiten nicht so ergiebig ist, als zu einer Tonart mit Terz major. Und es würde ihn hoffentlich nicht verdrießen, wenn ich ihm sagte, daß er alle dergleichen fremden Wendungen noch lange Zeit hindurch entbehren könnte; denn die Setzkunst ist auch außer diesen ein unerschöpfliches Meer.

E N D E.

Discantista. Ich wünsche dir wohl gelebt zu haben, ich war die Zeit her verreiset.

Preceptor. Es ist mir leid genug. Just bin ich mit der Anleitung zum Baß fertig. Sie würde für Anfänger ungleich deutlicher ausgefallen seyn, wenn du mir geholfen hättest.

Discantista. Diese will ich nach Gelegenheit fleißig betrachten. Und aber noch eine kleine Zugabe nach unserer alten Gewohnheit muß ich mit nach Hause bringen; mein Vortrag soll dich gar nicht aufhalten. Ich weiß wohl, daß du Canon-mäßige Sätze im Einklange und in der Oktave nur für Nachahmungen erklärest; allein ich begreife nicht, warum dir die Räthsel-Canonen so sehr zuwider sind. Denjenigen von Jomelli, so ich dir durch Peterchen herüber geschickt, hat mir ein guter Freund aufgelöset. Herr Hansmichel will, der Text heiße, daß die Musik oft nothwendig sey, so wie auch ein anderer Lateiner schrieb: Ut corda in numeris curis intensa relaxet etc. Ich schreibe selben Aufsatz noch einmal her, z. Er.

Man merket freylich gleich, daß eine jede von den 4 Stimmen auf der dritten Linie anfangen muß; aber der mit Ut re mi fa sol la anhebende Text hat mich wankend gemacht, weil der Baß und der Tenor in re und nicht in ut anfangen. Nun ist aber die Auflösung um so richtiger, weil sie mein Freund damals durch die dritte Hand von dem Verfasser selbst gekriegt hat, z. Er.

Praeceptor. Ey! dermal noch mit verhaßten Canonen! Du wirst hoffentlich einsehen, daß ich an dieser Auflösung zweifeln könnte, wenn ich dir und deinem Freunde nichts glaubte.

Discantista. Dieser sagte mir eben, daß es hier der scherzhaften Erfindung zu liebe auf die außerordentlichen Freyheiten gar nicht ankäme. Es ist ein ewiger Canon (Canon perpetuus) weil er immer wieder dal Segno anfängt. Da man aber den vollständigen Cadenzschluß auf dieser Welt nicht erleben kann, so habe ich dich durch Peterchen eben ersuchen lassen, mir eine kleine Gleichniß aufzusetzen von einem wesentlichen Canon, (ital. Canone reale) deren man nehmlich auch in der Kirche brauchen kann.

Praeceptor. Ich weiß es; der Junge fügte noch hinzu, es solle zum deutlichen Unterschied über das nehmliche Meisterstück geschehen. Ich habe zwar gleich damit angefangen, aber auch gleich abändern müssen, um wenigstens Kennern des Vt re mi fa sol la Genüge zu leisten; wobey du dir beym Anfange im Diskant und Tenor die Tonart G vorstellen mußt, nehmlich die Quinte zu C. Z. Er.

Discantista. Tenor und Baß kommen aber um einen Takt, und auch noch später nach.

Praeceptor. Es steht dir ja frey, alle meine Beyspiele zu verbessern. Ich kann und muß die kostbare Zeit anders anwenden: Scilicet ad solitos sapido pro pane labores.

Discantista. Und der Schluß, nehmlich die 6 letzten Takte sind ja gar nicht canonisch.

Praeceptor. Zu einem brauchbaren Canon ist dieses weder nöthig noch möglich; ausgenommen er bestünde aus lauter Cadenzen; sonst käme es heraus, als könnte etwas zugleich seyn, und nicht seyn. Aber — habe ich dir denn dies und alles, was ich von canonischen Sätzen weiß, nicht schon gesagt und gezeigt, als wir die Beschreibung der Fugen vorhatten? Schau dieselben Canonen sammt meiner Erklärung zu Hause recht an! Es bleibt also das Kunststück vom großen Jomelli in seinem Werth; das was Kenner den Augenblick einsehen und wider übertünchte Witzlinge bezeugen werden.

Discantista. Um Vergebung! Ich bin nur von meinem besagten Freunde mehrmals heimlich angegangen worden, diese kleine Gleichniß von dir zu begehren.

Praeceptor. Nein — diese Arglist hätte ich dir nicht zugetraut! Jetzt geh im Namen des Herrn!

Verbesserungen.

Seite 12. Zeile 2. statt Terzen und Septengänge lese: Terzen und Sextengänge.
Seite 23. Zeile 8. statt davon ist die Rede, lese: davon ist die Rede nicht.
Seite 25. Zeile 6. statt anschlagende Nonne, lese: anschlagende None.
Seite 33. Zeile 6. statt er giebt als nur darauf Acht, lese: er giebt als Begleiter nur darauf Acht.
Seite 33. Zeile 28. statt Si quo trattare, lese: Si può trattare.
Seite 40. Zeile 10. statt mit einer Drehung, lese: mit einer Dehmung.
Auf der folgenden Zeile statt Cadenz G endigte, lese: Cadenz in G endigte.
Seite 41. Zeile 6. statt durchaus behalten, lese: durchaus beybehalten.
Seite 41. Zeile 8. statt von jeder Tonart, lese: von jeder Tactart.
Seite 42. Zeile 19. statt unter sich führten, lese: unter sich ausführten.
Seite 43. Zeile 11. statt sie verknüpfen zweyerlei, lese: sie verknüpfen zweyerley.
Seite 48. Zeile 10. statt Tonarten C oder A selbst, lese: Tonarten E oder A selbst.
Seite 50. Zeile 4. statt mittelst harmonischer Ausfüllung, lese: mittelst guter harmonischer Ausfüllung.
Seite 56. Zeile 24. statt Sertquartenaccod, lese: Sextquartenaccord.
Seite 58. Zeile 21. statt schon eine Oktave, lese: schon eine Oktave zur Baßstimme.
Seite 59. Zeile 13 u. 14. statt als die Hoboen, weil diese einen ꝛc. lese: als die Hoboen, weil diese einen scharfen und dünnen, jene aber einen dicken und hohlen Klang haben.

Seite 60. Zeile 11. statt das erste (1) eine verwechselte Note d bey (m) lese: das erste e bey (1) eine verwechselte Note, die im Vierstimmigen den Accord bekäme wie die Note d bey (m).
Seite 61. zu Anfang der 27sten Zeile statt kleine Sext, lese: keine Sext.
Seite 68. Zwischen den untersten zwey Notenzeilen muß stehen: Oder gar einen variirten Baß, z. Ex.
Seite 71. auf der 4, 5 u. 6ten Notenzeile sind die am Anfang stehende Vorzeichnungskreuze f x c x wegzustreichen.
Seite 71. Zeile 8. statt für wichtig zu erklären, lese: für nichtig zu erklären.

Notenverbesserungen.

Seite 27. unterste Notenzeile sollen die 3 letzten Tacte so stehen:

Seite 31. sechste Notenzeile muß die Note C im zweyten Tact also beziffert seyn:

Seite 43. dritte Notenzeile soll der letzte Tact so heißen:

Seite 51. Notenzeile 9. im dritten Tact statt   soll stehen:

Seite 59. auf der fünften Notenzeile muß im fünften Tact die 4te Note fg heißen.

Seite 62. Notenzeile 5. muß im letzten Tact die Note   also stehen:

Seite 63. Notenzeile 3. im fünften Tact muß die Note E so stehen:

Seite 69. Notenzeile 2. muß die Note h im letzten Tact g heißen.
Seite 69. muß die ganze fünfte Notenzeile also stehen:

Das trin-get sehr zu Her-zen, doch nun schläft er sanft in Frieden.

Seite 79. Notenzeile 8. muß die erste Note    also beziffert stehen: